解读敦煌

发现藏经洞

著者◎罗华庆

主编单位◎敦煌研究院

主编◎樊锦诗

华东师范大学出版社

主编寄语

众所周知，中国的佛教与儒家和道教曾经对中国古代社会生活产生过重大的影响。中国佛教美术艺术与佛教相生相伴，相互影响，相互促进。中国佛教美术艺术应佛教需要而成长，应佛教发展而发展，对弘扬佛教教义和佛教思想起过至关重要的作用。中国佛教美术艺术也是中国古代美术艺术不可或缺的重要组成部分，推动了中国古代美术的发展。

中国佛教美术留下了无数的遗迹、遗存和遗物，但历史上诸多古刹名寺因战火、天灾、人祸而灰飞烟灭，寺庙建筑中的佛教艺术也随之消失殆尽。唯开凿于山崖的佛教石窟寺虽历经沧桑，仍大多得以保存。敦煌曾经是古代丝绸之路上的交通枢纽，商业贸易的集散之地，是世界上四大文化、六大宗教、十余个民族文化的融汇之处，在敦煌适宜的土壤上，辉煌的敦煌莫高窟及其佛教艺术应运而生。敦煌莫高窟迄今保存了 735 个洞窟、45000 平方米壁画、2000 多身彩塑、5 座唐宋窟檐。敦煌莫高窟是中国现存规模最大的佛教石窟寺遗址，是世界上历史延续最悠久、保存较完整、内容最丰富、艺术最精美的佛教艺术遗存，代表了公元 4 至 14 世纪中国佛教美术艺术的高度成就。

然而，敦煌莫高窟这处千年佛教圣地，由于历史原因，公元 16 世纪以后，竟成为被历史遗忘的角落，它的丰富内涵和珍贵价值长期鲜为人知。

清光绪二十六年（公元 1900 年）发现的藏经洞，出土了公元 4 至 10 世纪的文书、刺绣、绢画、纸画等文物 5 万余件。其中文书，大部分是汉文写本，少量为刻印本。汉文写本中佛教经典占 90%以上，还有传统的经史子集和具有珍贵史料价值的"官私文书"等。除汉文外，还有古藏文、梵文、回鹘文、粟特文、于阗文、龟兹文等多种少数民族文字。

藏经洞及其文物的发现，引起了学界的震惊，中外学者以藏经洞文献研究为发端，开始关注敦煌莫高窟，从而引发了对敦煌莫高窟和敦煌地区石窟佛教艺术研究的热潮。在这个敦煌研究的热潮中，1944年，一个保管和研究敦煌石窟（包括敦煌莫高窟、西千佛洞，安西榆林窟、东千佛洞，肃北五个庙石窟）的机构——国立敦煌艺术研究所在大漠戈壁的敦煌莫高窟中诞生了。

六十多年来，一批又一批有志青年离开了繁华的都市，来到了西部边陲的敦煌莫高窟安家创业。他们住土房、喝咸水、点油灯，严寒酷暑，大漠风沙，孤独寂寞，磨灭不了他们心中神圣的追求，为了保护敦煌石窟，为了研究和解读敦煌石窟艺术，一年又一年，一代又一代"敦煌人"默默地奉献着青春、智慧、家庭，乃至人生。

经过几代敦煌学者对敦煌石窟长期深入细致的调查、整理、考证、研究，敦煌石窟壁画的尊相画（指大彻大悟、大智大勇的佛，慈悲为怀、普度众生的菩萨，虔诚修行、以求自我解脱的弟子，威武勇猛、守护佛法的天王、力士，轻歌曼舞的伎乐飞天等等佛教众神）、释迦牟尼故事画（指佛教教主释迦牟尼生前救度众生的种种善行故事，今生诞生宫廷、声色犬马的太子生活、出家修行、降魔成道、教化众生的传奇故事）、经变画（指隋唐时期中国艺术家根据大乘佛教经典创作绘制的大幅壁画）、佛教东传故事画（指宣扬佛教东传、佛法威力、佛迹灵验等等神奇故事）、神怪画（指佛教接纳的中原汉地流行的传统神话和神怪形象）、供养人画像（指为祈福禳灾而出资开窟造像的功德主及其眷属的礼佛画像）、图案纹样（指装饰各洞窟建筑、彩塑和壁画的图案纹样）等七类专题性如同天书般的内容逐渐得以认识、揭示和解读。

通过研究，学者们不仅解读了作为敦煌石窟主体的佛教的题材内容、思想、教义及其演变发展，而且还揭示出壁画表现的人间所没有的佛教众神和他们所居住的佛国世界，其素材无不取自于现实人间世界。揭开佛教教义的神秘面纱后，可以看到，敦煌壁画中名目繁多的佛国世界是现实世界的反射。展示在人们眼前的不只是虚幻的佛国世界，而且是一千年敦煌和河西的形象历史，是一千年丰富多彩的古代社会生活，是一千年内涵博大的文化，是一千年壁画和彩塑艺术的发展史。因此，敦煌石窟被誉为"佛教艺术宝库"和"中世纪的百科全书"。今天，当历史图像资料已经成为凤毛麟角的时候，通过博大精深的敦煌壁画认识中国古代历史和社会，显得尤为重要。

此次出版的"解读敦煌"系列丛书，是由敦煌研究院的资深专家和摄影师共同完成的一套内容详备、体例新颖、面向广大读者的通俗读物。本系列丛书具有三大优势：

一、全面涵括了敦煌石窟的建筑、壁画、彩塑以及出土文书的内容，体系浩大、内涵丰富；

二、由敦煌研究院资深专家组成的作者队伍，将他们数十年的研究成果，以佛教、艺术、社会三大类多专题的形式，深入浅出地向读者解析敦煌石窟的奥秘；

三、由敦煌研究院资深摄影师拍摄的两千幅精美照片，向读者全方位、多角度地展示多姿多彩的敦煌石窟艺术。

本丛书将向全世界展示中华民族在历史上创造的杰出艺术成就和东方古代文化的辉煌，向全世界讲述历史留在敦煌的繁华和一个个悠远的故事。

最后，我们通过出版"解读敦煌"系列丛书，以纪念藏经洞发现110周年、敦煌研究院建院66周年、敦煌莫高窟被联合国教科文组织列入世界文化遗产名录24周年。

樊锦诗

2010年6月20日

目录

目录

目录

第四章　　中世纪的书法

附录　　敦煌大事记

前言　　百 年 叹 息

敦煌位于甘肃省河西走廊的西端，西接新疆，是古代丝绸之路上的重镇。由于独特的地理历史因素，敦煌自汉武帝元朔三年（公元前126年）建郡起，尤其是随着丝绸之路的稳定和巩固，逐渐成为中国、印度、希腊、伊斯兰这世界四大文化的交汇点，以及儒教、佛教、道教、摩尼教、祆教、景教等古代世界六大宗教的汇合交流之地。历经魏晋、北朝、隋唐，丝绸之路的千年繁盛带来了敦煌的辉煌。然而自元代末年，中原朝廷逐渐失去了对西域的控制，终于在明嘉靖三年（1524年）采取闭关政策，丝绸之路承载的贸易、文化随之衰落萧条，敦煌也被湮没在历史长河中，逐渐被人们遗忘。直至一百年前，在人迹罕至的莫高窟发现了藏经洞，才让这个有过辉煌历史的地方重新为人所知，并享誉世界。

1900年6月22日，藏经洞无意间被发现，诸多珍宝重见天日。这给敦煌带来了盛誉，同时也带来了无尽的劫难。盗宝者纷至沓来，使藏经洞及敦煌石窟中的诸多珍宝流散国内外，至今难以聚首，有的甚至已经佚失，难觅踪迹，造成无可挽回的损失。这既是藏经洞的悲哀，也是当时积弱的中华民族的悲哀。

藏经洞封存了4至11世纪初的文献、绢画、纸画、法器等各类文物，约计5万余件。其中90%是宗教文书，非宗教文书占10%。后者的内容包括官私文书、四部书、社会经济文书、星图、云图、文学作品、启蒙读物。文书除汉语写本外，还有古藏文、于阗文、梵文、回鹘文、栗特文、突厥文、龟兹文等写本。此外还有一批木版画、绢画、麻布画、粉本、丝织品、剪纸等作品。这些来自丝绸之路的中世纪珍宝，为研究中国及中亚古代历史、地理、宗教、经济、政治、民族、语言、文学、艺术、科技等提供了数量巨

0-1　敦煌藏经洞◀
藏经洞是莫高窟17窟的俗称。1900年发现约5万件中世纪佛经、文书、法器以及美术品等文物而闻名于世。

大、内容极为丰富的珍贵数据，被誉为"中古时代的百科全书"、"古代学术的海洋"。与殷墟甲骨文、汉简、明清档案，被誉为中国近代古文献的四大发现，由藏经洞引发的敦煌学更是成为一门国际显学，学术价值于此可见。

敦煌因其独特的地理条件，对研究、探索文化汇流现象和规律，具有比其他地区更有利的条件，藏经洞文物亦是其中重要的组成。长期以来，藏经洞文物散布世界各地，中外学者的研究多为分散地进行，缺乏全面、系统的交流。相信随着更为广泛的学术交流，在中外学者不断深入的揭示和解读下，将逐步揭开藏经洞的全部秘密。

0-2　二观音菩萨像　　　　　　（见12页图）
唐
绢画　纵147.3厘米　横105.3厘米
现藏英国博物馆
二观音菩萨相向而立，面部丰腴，翠眉明眸，端庄慈祥，披帛随身，璎珞环绕。中间有信众发愿文，祈愿观音菩萨保佑平安。是当时敦煌僧俗观音信仰的代表作品。

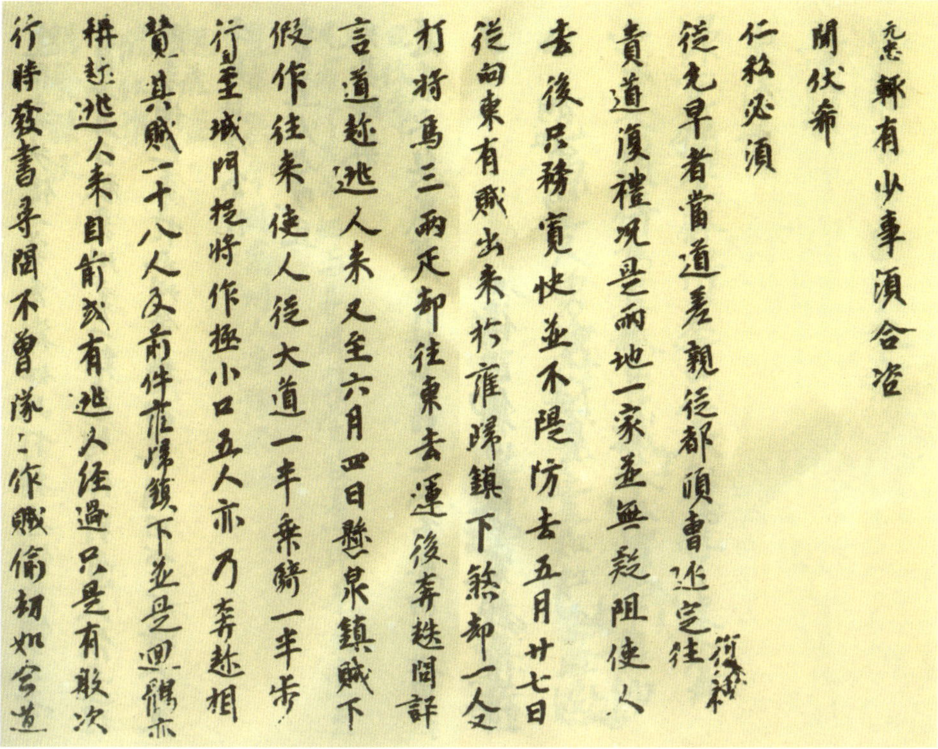

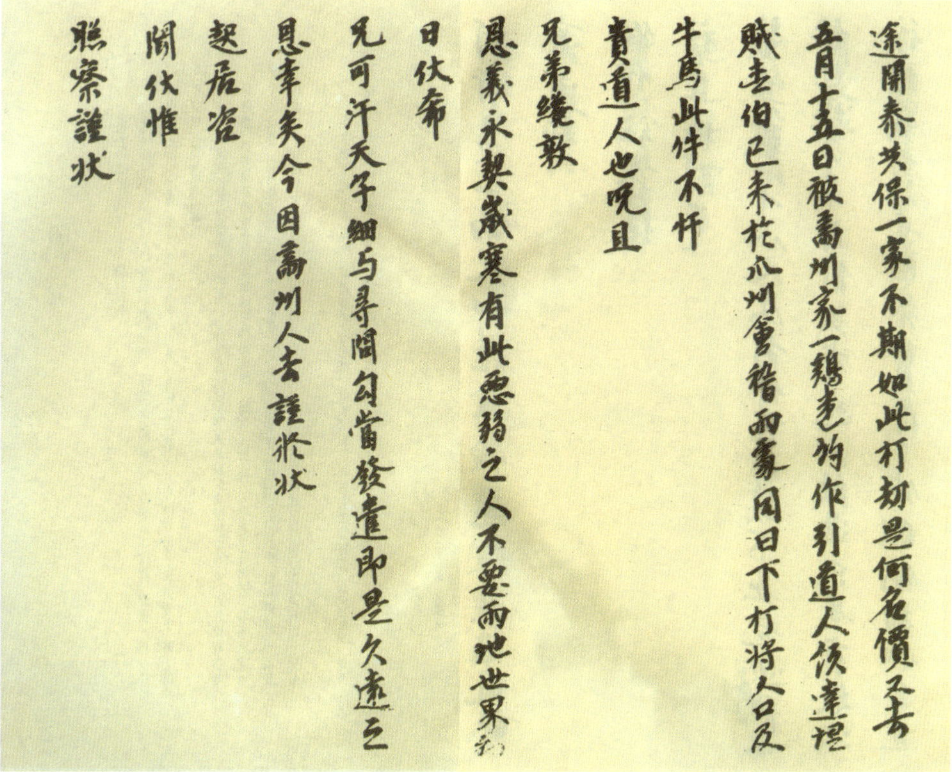

元忠郤有少事湏合洽

閣伏希

仁私必湏

從先早者當道差親徃都頭曹迕定徃

貴道漢禮況是兩地一家盡無疑阻使人

去後只務寬快並不隱防去五月廿七日

從向東有賊出來於雍歸鎮下繞却一令

打將爲三兩疋却徃東去運後莽越問詳

言道逃逃人未又至六月四日懸泉鎮賊下

假作徃來使人往大道一半乘騎一半步

行至玉城門挹將作挺小口五人亦乃莽赵相

覔其賊二十八人及南件花歸鎮下並是迴鹘亦

拼赶逃人未目前或有進人經過只是迴鹘次

行時發書尋問不曾隊之作賊偷剦如宫道

途開泰英保一家不期如此打刦是何名價丞去

五月十五日被壽州家一鶏老的作引道人領達裡

賊走伯已來花瓜州曾搭而豪同日下打將人口反

牛馬此件不忏

貴道一人也呢且

兄弟纏敦

恩義永契箴塞有此惡狗之人不要兩地世界新

日伏希

兄可汗天子細与尋問勾當發遣即是久遠之

恩幸矣今因壽州人吉謹迻狀

趙居洽

閣伏惟

聽察謹狀

第一章　藏经洞的发现与劫难

1·敦煌为何衰败？

据史料记载，敦煌石窟开凿始于公元366年的前秦时期。而现存的石窟艺术保留最早的是开凿于公元400多年的北凉时期，以后经历了北魏、西魏、北周、隋、唐、五代、宋、西夏、直到元代，延续了一千年。

明代时，自宋元以来日渐发达的海上丝绸之路已成为中西政治、经济、文化交流的主要通道，经由河西的陆路通道地位下降。随着陆上丝绸之路的逐渐萧条，丝路重镇敦煌也逐渐落寞。再加上明代的边防重点在北方，其都城先在南京，后迁至北京，敦煌的战略地位下降，明军并未在沙州（敦煌）设防，而在肃州（酒泉）西筑嘉峪关为国门。以后，嘉峪关通哈密之路成为中原与西域往来的干线，敦煌失去了屏蔽河西和中西陆路交通中转站的地位。永乐二年（1404年），明

成祖在敦煌重设沙州卫，但正统十一年（1446年），甘肃镇将便将沙州卫属下民众全部强行迁入关内，沙州卫遂废。成化十五年（1497年），朝廷又在沙州故城置罕东左卫，由蒙古人任指挥使，但自嘉靖之后，敦煌便被吐鲁番占领。在沙州卫和罕东左卫管辖敦煌时期，敦煌成为以游牧为主的蒙古族的活动区域，而且在这段时间里，敦煌忙于抵御各方面的侵扰，又地处交通不便的边荒，因此在文化上没有任何建树。但因蒙古族是信奉佛教的民族，他们虽未整修洞窟，但也未对洞窟进行人为的破坏。而信奉伊斯兰教的吐鲁番占领敦煌后，情况发生了变化。在敦煌流行了一千多年的佛教，终归绝迹。被佛教徒视为圣地的莫高窟呈现出"佛像屡遭毁坏，龛亦为沙所埋"的凄凉景象。

清朝定都北京，敦煌仍和明代一样，既非边防要塞，又在甘肃通新疆通道之南，不过是一边远小城。所以在清初很长时间未将

|—1—| 莫高窟远景

敦煌收入版图，任由吐鲁番占领。直至雍正元年（1723年），清廷才开始在敦煌设沙州所，雍正三年升沙州所为卫，并从甘肃迁移二千四百户百姓到敦煌屯田，还重修了卫城。乾隆二十五年（1760年）改沙州卫为敦煌县。自清廷采取移民屯田的措施以后，敦煌的经济开始复苏，人口也迅速增长，佛教信仰又开始流行，并对莫高窟进行了大规模的整修。但好景不长，同治年间，陕西、甘肃、新疆等地先后爆

一边远小镇，任由流寇横行，国内外探险家、盗宝者任意往来。19世纪末，莫高窟已经非常荒凉，崖面上的行廊多已不存，一些洞口已经崩塌，底层洞窟已经积起厚沙，只有一些粗通汉语的藏传佛教★宁玛派喇嘛居住，曾经盛极一时的莫高窟满目疮痍。

发回民起义，敦煌一带也曾为战场。经过战乱，敦煌再次衰败。在战乱中，由白彦虎率领的回民起义军在被清军追赶逃至敦煌时，尽毁莫高窟连接上下层窟的行廊。清末，清政府内忧外患，已无力顾及敦煌这

知识库

★**藏传佛教**

中国佛教三大系统之一。亦称"藏语系佛教"，俗称"喇嘛教"，自称"佛教"或"内道"。公元7世纪中叶，佛教传入西藏地区，经过与当地原有的苯教不断斗争发展，形成独具藏族特色的佛教系统，并在王室的支持和推动下迅速发展，向外传播。藏传佛教的教义特征是大小乘兼学，显密双修，见行并重，并吸收了苯教的某些特点。主要传播于中国的藏、蒙古、土、裕固、纳西等族地区，以及不丹、锡金、尼泊尔、蒙古、布里亚特等地。

1—1—2　清末莫高窟 ◀
清末莫高窟是人畜栖居之地，人们常在窟内居住，生活煮饭，一派荒凉景象。莫高窟中的许多壁画皆因烟熏火燎而被破坏。

1—1—3　清末莫高窟96窟　　　　　▼
清末莫高窟96窟只有五层楼，崖面塌毁，窟前杂草丛生。修缮一新后的莫高窟96窟有九层楼，雄伟壮观。

2．是谁发现了藏经洞？

清光绪二十六年五月二十六日（1900年6月22日），这是为敦煌带来辉煌与劫难的日子。住在敦煌莫高窟下寺的王道士所雇佣的贫士杨某在磕烟锅头时，偶然发现了一个封闭800多年的密室，大批中世纪的稀世珍宝重见天日。这一震惊世界的重大发现，使敦煌成为世人瞩目的焦点。

王道士本名圆箓，一作元录，是湖北麻城人。因家贫四处逃生。清光绪初年，曾入肃州巡防营为兵勇。因信奉道教而离开军营受戒为道士，道号法真，远游新疆。约光绪二十三年（1897年）至敦煌莫高窟，居住在窟南区北段，清理沙石，供奉香火。通过接受布施和四出布道募化，王道士小有积蓄，就在位于今莫高窟16窟的东侧建立了一座太清宫道观，即今"下寺"。王道士雇敦煌贫士杨某为文案。冬春时节，杨某负责抄写道经，以供发售。夏秋两季，朝山进香者络绎而至，于是王道士命杨某在莫高窟16窟甬道内设案，接待香客，代写醮章，兼收布施，登记入帐。光绪二十六年初夏，杨某坐在莫高窟16窟的甬道内，返身在北壁磕烟锅头，突然听到有空洞回音声，因此怀疑有密室，便将此事告诉王道士。那年的五月二十五日半夜，王道士与杨某一起破壁探察，果然发现了密室。密室里积满写卷、印本、画幡、铜佛等。这就是后来蜚声海内外的莫高窟藏经洞。藏经洞被打开时的情景，20世纪40年代初到敦煌的谢稚柳先生在《敦煌艺术叙录》中记载了这一时刻："王道士夜半与杨某击破壁，则内有一门，高不足容一人，泥块封塞。更发泥块，则为一小洞，约丈余大。有白布包等无数，充塞其中。装置极整齐，每一白布包裹经十卷。复有佛帧、绣像等则平铺于白布之下。"

1-2-1　王道士在三层楼《西游记》壁画前　▼
王道士流寓莫高窟期间，以布道募化所得，曾参与清光绪三十二年（1906年）莫高窟三层楼的修建活动，并于三层楼底层两侧壁绘《西游记》故事画。图为1907年斯坦因拍摄的王道士。

1-2-2　藏经洞出土的经卷文书 ◀

　　藏经洞文物发现后，王道士并没有认识到文物的珍贵价值，而将它作为巴结交识官吏的赠物礼品。他从藏经洞中取出部分写卷、佛画等，分赠肃州兵备道廷栋及本县官员乡绅，此为藏经洞文物流出之始。光绪二十八年，甘肃学政叶昌炽听闻藏经洞一事，并于次年十一月及光绪三十年四月和八月，先后得到敦煌县令汪宗翰所赠的经卷、画像。叶氏建议藩台将此宝物运省妥藏，但因运费银五六千两无着落而作罢。光绪三十年三月甘肃布政司命敦煌县令汪宗翰就地"检点经卷画像"再次封存，并责令王道士妥加保管，不许外流。但光绪三十三年（1906年）三月至五月间，王道士私自盗卖给斯坦因写卷、印本文献24箱、绢画和织绣品5箱，换得四块马蹄银（共重200两）。光绪三十四年（1907年）三月至五月间，又盗卖给伯希和写卷、印本文献和绢画等6000卷，换得白银500两。宣统二年（1910年），在敦煌文献运京保管之际，他又私藏若干。这批文献在运送路途上和到北京后又不断遭受雁遇拔毛的恶运，不断流散。藏经洞文物绝大部分流散到世界各地，仅有少部分保存国内，造成中国文化史上的空前浩劫。陈寅恪先生因此而慨叹："敦煌者，吾国学术之伤心史也！"

1-2-3　地藏十王图 ▶
五代
绢画　纵91厘米　横65.5厘米
现藏英国博物馆
地藏菩萨是中国四大菩萨之一，佛教谓其"安忍不动犹如大地，静虑深深犹如地藏"。其受释迦牟尼嘱托，在释迦既灭，弥勒未生之前，自誓必尽度众生，拯救诸苦，始愿成佛。图中为地藏菩萨半结跏趺于岩座，手持锡杖和宝珠说法。两侧围绕地府十王判案，表现地藏菩萨主持地狱审判救济、监察十王断案的情节。特别是下方表现道明和尚及手持棍棒的牛头狱吏于业镜前的情景，十分生动。

3·洪䛒的影窟为什么成为藏经洞？

莫高窟16窟开凿于晚唐，是一个大型的覆斗形洞窟。据窟内题记可知此窟是河西都僧统洪䛒于唐大中五年至咸通八年（公元851～867年）开凿的。甬道北壁发现的石窟今标记为第17窟，是窟主洪辩的纪念性影窟。平面约呈方形，南北长2.83至2.84米，东西宽2.74至 2.75米，面积约7.8平方米。窟顶也为覆斗形，高约0.5米。北面置一长方形禅床，上置高僧洪䛒的塑像一身。北壁绘壁画一铺，内容是：两棵枝叶相交的菩提树，树枝上挂净水瓶、挎袋各一，壁画与塑像组成了洪䛒在菩提树下坐禅的意境。菩提树东一比丘尼手持对凤团扇，树西侧一近事女手持执杖。西壁凿有洪䛒告身敕牒碑一通，记载了造窟的历史。学者研究证实，此窟的石碑、雕塑和绘画都与开窟人洪辩信奉

佛法和生活场景相关，是为纪念洪䛒而作。大约在11世纪中叶，莫高窟三界寺的僧人将洪辩像迁移出去，把该寺多年收藏的5万多件的珍宝密藏在这间斗室中，又砌墙封闭窟门，还在墙壁上绘饰壁画，遮掩痕迹，从此被尘封了800年。由于窟中所藏珍宝大部分为佛教经典，所以人们称之为藏经洞。

洪䛒的影窟为什么成为藏经洞？又是什

1-3-1　藏经洞内景　▶

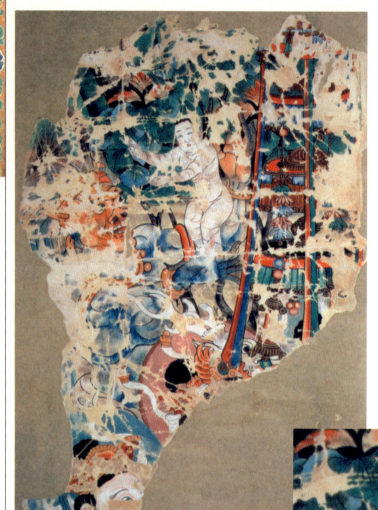

1-3-3 药师净土变相图断片

唐

纸画 纵57厘米 横38厘米

现藏英国博物馆

此画为残存的药师净土变相图。据现存部分推断全图应为数丈的大幅。此图虽残毁较多，但色彩鲜艳如新。树叶、花朵、明珠等，以不同的色阶分次晕染，具有层次感。画家善用色彩对比，小儿粉红的肉色与力士脸的赭红及身体的蓝靛，儿童的黑发与力士的赤发、绿发对映，对比强烈。图为重彩画，色彩明亮，浓淡相间，为难得之作。藏经洞发现的文物中，有诸多残损件，似是废弃物。

1-3-2 药师净土变相图　　**（见前页图）**

唐

绢画 纵206厘米 横167厘米

现藏英国博物馆

此图依据《药师如来本愿功德经》绘制，表现药师佛净土东方净琉璃的种种无上美妙。构图以药师佛说法为中心展开，胁侍日光、月光二菩萨，众多菩萨、眷属、天人围绕听法，后有巍峨大殿楼阁，前有伎乐歌舞场面，以及药师十二神将。右侧从上至下绘"大横死"（即死于非命）内容，左侧绘"药师十二大愿"，表现药师成佛前行菩萨道时立下的十二个誓愿，饶益众生。画面形式与同期药师经变壁画类同，构图繁复，但安排绘制有条不紊。残损较严重。

26

么人封闭了藏经洞？这是国内外学者几十年不懈努力探索的秘密，众说纷纭。目前有诸多封闭洞窟的假设，归纳起来主要有两种观点：一是战乱避难说，二是石窟废弃说。

战乱避难说，最早发起于法国人伯希和（Poul Pelliot，1878—1945）。他根据窟内一份西夏文书都没有，而各种卷本、画幅、法器等放置凌乱无章，认为在1035年西夏人掠夺敦煌时，莫高窟佛僧"仓促窖藏书画，寇至僧歼，后遂无知窖处者"。避难说得到诸多学者的赞同，但对于究竟避谁之难，意见不同。史学家白滨先生推测，在1014年曹贤顺继任归义军★节度使期间，为了防备战争危及瓜州、沙州，敦煌寺院中进行备战，莫高窟密封藏经洞源于此时。殷晴先生提出黑韩王朝威胁说。黑韩王朝是五代末至南宋时在今新疆和中亚某些地区使用突厥语的一个封建王朝，信奉的是伊斯兰教。北宋绍圣年间（1094~1098年）黑韩王朝请求攻打信奉佛教的西夏，得到宋朝的赞许。敦煌莫高窟佛僧闻讯而密藏经

1-3-4 广目天王像幡 ▶
唐
绢画 纵43.5厘米 横18厘米
现藏英国博物馆
幡首、尾皆失，残存画面。天王卷发宝冠，身裹甲胄，着战裙，浓髯怒目，双手持握金刚宝剑，剑鞘上镶嵌宝石，为西方守护神。特别是浓髯用墨线和朱线交替描绘，刚劲流畅，更显天王威严勇武。

书。荣新江先生也持此说，但他认为事件发生在1006年，黑韩王朝大举扩张进攻，消灭崇信佛教的于阗国，扫清向东继续进军的道路。由于于阗与沙州政权有姻亲关系，于阗国王曾经请求归义军节度使曹元忠援助抗击黑韩入侵。于阗覆灭后，大批于阗难民东逃沙州。在战争乌云密布的恐怖气氛中，僧人把多年收藏的佛经、文书等重要对象密藏于洪䇒影窟，然后封闭窟门，又绘制壁画，做到天衣无缝。密藏在井然有序的情况下进行，以后当事人离开人世，藏经洞便被遗忘了。此外还有诸多避难说的假设，例如13世纪的元初，僧人为了躲避元蒙西进的战乱；14世纪，僧人为了躲避元末明初的兵乱等。

石窟废弃说，首先是英国人斯坦因（Marc Aurel Stein，1862—1943年）提出的。他根据藏经洞内保存了相当数量的汉文碎纸，多是残卷断篇，还有绢画残片，而没有收藏整部佛经，认为藏经洞是堆放废弃物的场所。日本学者藤枝晃也主张废弃说，但他提出废弃的原因是公元1000年左右中原印版佛经大量传入沙州，原有的手写本佛经变成了"神圣的废物"被弃置封藏，年久以后便被人遗忘了。以后方广锠先生进一步探究。他根据在藏经洞中没有发现一部完整的大藏经和金银字大藏经，推测在11世纪的曹氏政权统治时期的某一天，敦煌各大寺院进行一次藏书大清

点，莫高窟的僧人将大批无用的经卷、文书、废纸和多余的法器封藏于藏经洞内。废弃说还认为，古代纸张贵重，所以藏经洞出土的大量官府文书如乡籍、里籍、差科簿等都是过时文书，被当作废纸而在其背面抄写佛经；出土的大量藏文佛经则是公元848年吐蕃失去对敦煌的统治之后而成为废物的。

以上诸多假设，至今仍是敦煌学研究的热点话题。

知识库

★ 归义军

唐晚期至北宋前期以沙州为中心的汉人地方政权。大中二年（公元848年），张议潮率众起义，驱逐中唐时期占领敦煌的吐蕃，在敦煌建立了以汉人为主的政权。大中五年（公元851年），唐廷在沙州设归义军节度，任命张议潮为节度使、十一州观察使。从此敦煌进入归义军时期。天祐三年（公元906年），归义军节度使张承奉废除归义军称号，在瓜、沙二州建立西汉金山国。后梁乾化四年（公元914年），张承奉被沙州的另一大族曹议金取代，并恢复归义军称号。大约在宋天圣六年（1028）至景祐四年（1037年）间，归义军政权被沙州回鹘政权取代。

4、谁是最早进入藏经洞的外国人？

藏经洞密藏珍宝的意外发现，"见者惊为奇观，闻者传为神物"。然而它也给敦煌带来了一场空前的劫难。

最早来到敦煌藏经洞的是英籍匈牙利人、考古学者斯坦因（Marc Aurel Stein，公元1862—1943年）。他早年在维也纳、莱比锡等大学学习，后游学牛津大学和伦敦大学。1887年至英属印度，任拉合尔东方学院校长、加尔各答大学校长等职。在英国和印度政府的支持下，斯坦因先后进行了三次中亚探险。

第一次中亚探险是从1900至1901年，主要发掘和田地区和尼雅的古代遗址，其旅行记为《沙埋和田废址记》，1903年出版，正

1—4—1　英国探险家斯坦因　▲

1—4—2　斯坦因与探险队人员及雇用民工合影　◀

式考古报告是《古代和田》，全二卷，1907 年出版。

1906 年 4 月 20 日，由 8 人组成的斯坦因考察团从印度出发，开始了第二次中亚探险。他们越过帕米尔高原，来到中国新疆。斯坦因在喀什聘请了一个中国师爷——蒋孝琬作为他的汉语翻译和助手。他们沿古丝路东行，一路经过和阗、若羌、楼兰等地，挖掘了著名的楼兰遗址，发现了大量的珍贵文物。1907 年 3 月 12 日，斯坦因一行人到达敦煌。到敦煌不久，斯坦因从一位定居敦煌的乌鲁木齐商人那里知道了王道士发现藏经洞的事，引发了他的极大兴趣。3 月 16 日斯坦因到千佛洞，但因王道士出外化缘，未能进入藏经洞。为了节省时间，斯坦因返回县城并拜见了敦煌的几位地方官员，然后雇了一批工人，先去挖掘敦煌西北长城锋燧遗址，获得了大批汉代简牍。5 月 21 日，斯坦因再次来到莫高窟，通过蒋孝琬，和王道士进行了初次接触，表示希望进入藏经洞。但王道士因封存遗书的命令没有答应。于是斯坦因在莫高窟支起帐篷，作长期停留的打算，并开始考察石窟，拍摄壁画和塑像的照片，让蒋孝琬同王道士继续交涉。最终，斯坦因打动了王道士。为了不引起其他人注意，最初王道士并没有让斯坦因进入藏经洞，而是每天夜里由他入洞取出一捆写本，拿到附近的一间小屋里，让斯坦因和蒋孝琬翻阅捡选。由于数量庞大，斯坦因放弃了给每个写本都编出目录的打算，只从考古学标准出发，尽可能多、尽可能好地选择写本和绢、纸绘画。不久，斯坦因便用很少的银元和一个绝对严守秘密的保证，换取了满满 24 箱写本和 5 箱经过仔细包扎好的绢画、刺绣等艺术品。它们经过 1 年零 6 个月的长途运输，

1-4-3　斯坦因的行李车停在敦煌县城一寺庙前 ▼

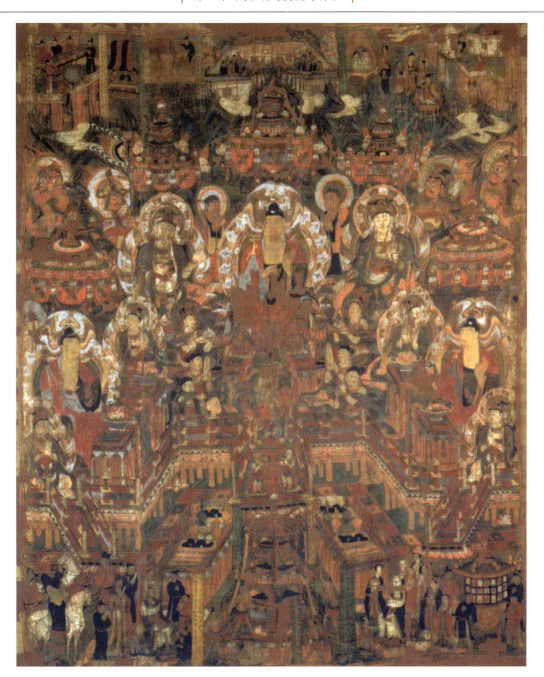

1—4—4　弥勒下生经变相图　　▲

唐末五代初

绢画　纵138.7厘米　横116厘米

现藏英国博物馆

《弥勒下生经》是印度大乘佛教经典，宣扬弥勒将在若干亿年后下生人间，继承释迦牟尼的佛位，即未来佛。此图依据此经，描绘弥勒菩萨从兜率天下生阎浮提，于龙华树下成佛，三次说法，以及弥勒世界诸种乐事等情节。画面以弥勒三会为中心，构成以弥勒说法为中心的众菩萨围绕的说法会情节。特别是说法会的剃度场面，表现翅末城儴佉王、王妃、太子、大臣、婇女等剃度出家。构图严谨，描绘细腻，绘画精致，有唐风余韵。

1-4-5　弥勒下生经变相图局部　　▲

于1909年1月完整地抵达伦敦，入藏英国博物馆。其旅行记《沙漠契丹废址记》（Ruins of Desert Cathay）中，详细记录了在敦煌活动的经过，包括敦煌骗宝的经过。

　　斯坦因的第三次中亚探险是从1913至1915年。斯坦因重访和田、尼雅、楼兰遗址，并再次到敦煌。1914年3月24日，斯坦因再次来到莫高窟，受到了王道士的热情接待。王道士还向斯坦因报告了当日他施舍银钱的用处。经过交涉，王道士又拿出了私藏下来的几百卷写本，卖给了斯坦因，使斯坦因又得到了整整4大箱的写本文书，加上斯坦因在当地收购所得，一共约5大箱六百余卷。此后，斯坦因还发掘了黑城子和吐鲁番等地遗址。

　　1930年，斯坦因拟进行第四次中亚探险，因被南京政府拒绝而未能进行。

　　斯坦因的探险活动，深受英国政府的赞赏。英国女王授予了他爵士勋号，牛津和剑桥大学赠给他名誉博士学位，还成为维多利亚女王的臣民，获得了无上的殊荣。

　　斯坦因三次中亚探险所获敦煌等地出土文物和文献，总数约两万余件，按照资助

他中亚之行的印度政府、英国博物馆、印度事务部之间签署的分配方案进行分配。文献部分的汉文、粟特文、突厥文、回鹘文材料，归英国博物馆保存；于阗文、龟兹文、藏文材料，归印度事务部图书馆保存；梵文、佉卢文 ★ 书写的归英国博物馆。其他发现品如绢画、刺绣、木版画、陶器、木雕、钱币等，在印度德里中亚古物博物馆和英国博物馆之间平分。另有少量文物下落不明。

知识库

★佉卢文

一种古代文字。创始于公元前3世纪的印度孔雀王朝阿育王时期，公元1～2世纪在中亚地区广泛传播。通用于印度西北部、巴基斯坦、阿富汗一带。公元3世纪时逐渐消失，但在丝绸之路各地仍被使用，可能一直到7世纪才彻底被遗弃，成为一种无人可识的死文字。

1-4-6　千手千眼观音变相图　　（见图16页）
唐
绢画　纵222.5厘米　横167厘米
现藏英国博物馆
此图为蓝色地，中心有十一面千手千眼观世音菩萨结跏趺坐于莲座上，11头作迭塔状，中有化佛。千手心俱有一眼。千手中40大手各执法器。观音周围，由上至下有十方佛、日光、月光、不空羂索、如德天等。全图左右对称，内容丰富，技法工细，色彩鲜丽，并有榜题标注所画内容。

5·是谁让中国学者知道了敦煌遗书?

继斯坦因之后来到敦煌莫高窟的是法国汉学家、探险家伯希和(Poul Pelliot,1878—1945)。他早年曾在法国政治科学学院、东方语言学院等处学习,后供职于印度支那考古学调查会,即法国远东学院(越南河内),曾数次奉命往中国为该学院购买中国古籍。1904年回法国。1905年由"中亚与远东历史、考古、语言及人种学考察国际协会"法国分会会长塞纳(Emile Senart)委任为法国中亚探险队队长,与测量师瓦扬(Louis Vaillant)和摄影师努瓦特(Charles Nouette)一起,于1906年至1908年间进入新疆。

1—5—1 法国探险家伯希和

早年在法国政治学院、东方语言学院等处学习,后往越南河内,学习并供职于印度支那考古学调查会(即法国远东学院)。曾多次到中国,1905年任法国中亚探险队队长。于1906年至1908年间在中国新疆、甘肃等地探险考察,从藏经洞掠走大量文物。

1—5—2 伯希和探险队在莫高窟 ▶

1908年2月，伯希和一行人来到莫高窟。他们深入莫高窟，对全部洞窟编号，并抄录题记、摄制大量壁画照片。因伯希和能操汉语，并熟悉中国古典文献，取得了王道士的信任，因此得以进入藏经洞。伯希和用三周的时间将藏经洞中的遗物全部翻阅了一遍，重点选取了佛教大藏经未收的文献、带有题记的文献和非汉语文献。通过谈判，计划重建莫高窟的王道士最后同意以500两银子的价钱把伯希和挑选的这些文献及斯坦因所遗的绢画、丝织品等，总数约一万余件卖给伯希和。斯坦因不懂汉语，因此他带走的文献中有很多价值不高。相反地，通晓包括汉语在内的13国语言的伯希和选出的文献全都是精品，其中也包括新发现的唐代新罗僧人慧超所著的《往五天竺国传》。这些收集品

1-5-3　伯希和在藏经洞中挑拣精品　　▲

运到巴黎，写本部分入藏法国国立图书馆东方写本部，绢画、丝织品等入藏古美博物馆。

1909年，伯希和到中国采购汉籍，携带部分敦煌写本精品，经南京、天津到北

洞中残卷悉数运京，但在起运前王道士又转移藏匿了许多文书。在运京途中被各地官吏窃取、遗失无数。进京后又遭学部官员何震彝、李盛铎等人藏掖、偷盗，将经卷中精好者悉数窃取，而将余卷一折为二，以充其数，当移交京师图书馆时共为18箱，后经整理计有8697号。

伯希和西域探险，劫回了一大批中国文化瑰宝，学术界深谙其价值所在，但法国政界显要与商界大亨却对这一大批中世纪的"废纸"、"泥胎"、玩石、朽木、古画和"破铜烂铁"类"垃圾"一窍不通。他们认为法国政府对伯希和探险的资助是得不偿失，对伯希和颇有微辞，甚至在公开场合攻击他。在这种情况下，加上对盗窃其他国家文物是不道德行为的认知，伯希和对西域探险保持了适度的低调，而且后来几乎将西域探险与敦煌劫经忘诸脑后，而投入到蒙古史和马可·波罗的研究中，只偶尔零星地发表敦煌学论文。

京，出示给在京的中国学者罗振玉、蒋斧、王仁俊、董康等人和日本文求堂书店主人田中庆太郎。中国学者看后，"惊喜欲狂，如在梦寐"。中国学术界始知敦煌遗书。得知敦煌藏经洞尚有部分劫余，这批中国学者便以清学部★的名义致电陕甘总督封存藏经洞内劫余古物，严禁外运。宣统二年（1910年）清学部咨甘肃藩司，将

伯希和去世后，其夫人拒绝像法国其他汉学家那样将藏书与遗作作为"特藏"

赠予国有图书馆，而是将它们卖给了私人，使伯希和花费一生心血积累起来的宝贵文化资源，辗转流散于世界各地。因伯希和生前酷爱书评，对当时西方几乎所有的重要汉学著作都曾言辞刻薄地发表过评论，并自诩学富五车，满腹经纶，目空一切，热衷于贬低别人而抬高自己，因此，人缘欠佳。除了少数挚友和门生外，很少人愿意为他树碑立传。他的大量未刊著作，也只有少量问世，其余仍以稿本形式四处流散。

知识库

★**清学部**

　　1900年庚子事变后清政府实行新政，于清光绪三十一年（1905年）设学部统管全国学政。学部设尚书一人、左右侍郎各一人、左右参议各一人、参事官四人，分设总务司、专门司、普通司、实业司、会计司五司，五司下分设十二科。辛亥革命后学部改教育部。其旧址位于北京市西城区教育街。

1—5—4　普贤菩萨像幡　▶
五代
绢画　纵59.8厘米　横17.8厘米
现藏法国吉美博物馆
普贤菩萨立于莲花上，跣足踏莲蓬，头略向右倾，双目微微下视，作沈思状。璎珞钏环被身，轻纱透体。敷彩艳丽浓烈，与常见的骑白象的普贤菩萨像有所不同，新颖独特。

6·日本探险队从藏经洞掠走了多少文物？

斯坦因、伯希和等人在敦煌的发现震惊了全世界。日本本愿寺净土真宗★二十二代宗主大谷光瑞（1876—1948）在欧洲考察宗教时，见到斯坦因、伯希和等人中亚探险的成果，决定在回程途中前往中亚探险，从而揭开了日本考察中国西北的序幕。

1902年8月，大谷光瑞率领随行人员渡边哲信、堀贤雄、本多惠隆、井上弘圆等人从伦敦出发，经俄撒马尔罕入境。在塔什库尔干分为两路，大谷光瑞率本多惠隆、井上弘圆翻越明铁盖达坂，到达今巴基斯坦吉尔吉特、印度斯利那加。渡边哲信、堀贤雄两人沿丝绸之路南道进入和田，再到库车一带、克孜尔千佛洞等地进行了4个月的考察。

1908年，大谷光瑞派野村荣三郎和橘瑞超（1890—1968）二人前往中亚地区在此进行探险。二人从北京出发，穿越蒙古进入准噶尔盆地，调查吐鲁番周围遗迹。次年2月，两人在库尔勒分手。野村荣三郎在库车周围进行盗掘、调查，然后经阿克苏到达喀什。橘瑞超进入罗布沙漠，并在楼兰发现了著名的《李柏文书》，然后沿南道经若羌、和田抵达喀什。两人会合后翻越喀喇昆仑山口进入印度河畔的列城，历时18个月。

1910年8月，大谷光瑞再次派遣探险队。橘瑞超从伦敦出发，从俄国入境至塔城，经乌鲁木齐、吐鲁番，再次进入楼兰遗址，然后又从且末北上横穿塔克拉玛干沙漠到

1-6-1　日本探险家大谷光瑞 ◀
日本佛教净土真宗西本愿寺第二十一代宗主大谷光尊（明如上人）的长子，1930年继位为西本愿寺第二十二代宗主，号镜如上人。

库车，经喀什、和田进入西藏北部，再取道且末、若羌前往敦煌。1911年辛亥革命爆发后，中国国内局势混乱，橘瑞超与日本中断了联系。大谷光瑞派吉川小一郎到中国西部寻找橘瑞超。橘瑞超得知此讯息后，在敦煌与吉川小一郎会合。吉川小一郎在敦煌呆了3个多月，进行了8天的考察。他从洞窟内获取了经文残片等文物，并在洞窟内照相，拓印壁画、碑文。莫高窟444窟前室北壁有用铅笔题写的"大日本京都吉川小一郎明治四十四年十月二十日"。橘瑞超在敦煌仅呆了11天，其间也来到了莫高窟，在今莫高窟428窟甬道边南壁留下了铅笔书写的"橘"字。橘瑞超和吉川小一郎在敦煌期间，先后向敦煌村民购买佛经三次，计7卷，向王道士两次购骗佛经169卷、200卷，并掠走两身塑像。1912年2月，二人离开敦煌，经哈密至乌鲁木齐。橘瑞超赴俄国，取道西伯利亚铁路回国。吉川小一郎在吐鲁番又进行了发掘，在喀什、和田调查了佛教遗迹，然后沿和田河北上，穿越塔克拉玛干沙漠到达阿克

1-6-2 橘瑞超与敦煌房东合影 ▲

橘瑞超1908年在京都市真宗中学就读时，参加大谷探险队第二次中亚探险。1910年至1912年参加第三次中亚探险。图为橘瑞超1912年在敦煌与房东家人合影。

苏，还翻越天山到伊宁一带进行了考察。

三次大谷探险队的收集品主要存放在神户郊外大谷光瑞的别墅二乐庄，部分寄存在帝国京都博物馆（后改称京都帝室博物馆、恩赐京都博物馆，今为京都国立博物馆）。1914年大谷光瑞出现债务问题，收集品随之分散。一部分随二乐庄卖给久原房之助，久原将这批收集品寄赠给朝鲜总督府博物馆，今藏汉城国立中央博物馆。寄存在京都博物馆的部分，现入藏东京国立博物馆。大部分收集品在1915年至1916年之间运到旅顺，后寄存关东厅博物馆（今旅顺博物馆），曾编有简目，与探险队员的部分日记一起

1-6-3 吉川小一郎与安西知县（中）、安西县电报局长合影 ▲

1-6-4 吉川小一郎在莫高窟444窟留下的题记 ▼

发表在《新西域记》中。此外，又有大量收集品运回日本京都。1948年大谷光瑞去世后，在西本愿寺发现从大连运回的两个装有收集品的木箱，后捐赠龙谷大学图书馆。留在旅顺的大多仍保存在旅顺博物馆。其中敦煌写本六百余件，于1954年调到中国国家图书馆保存。

日本大谷探险队的三次中亚考察活动，与其他各国如斯坦因、伯希和等考察团不同。其探险队的成员本身不是学者，对考古学更是一窍不通。他们所发掘的东西由于没有很好的记录，也不是科学发掘所得，很大程度上是以盗宝为目的进行的，因此资料意义与价值大大降低，对古迹古物造成了严重的破坏。

知识库

★净土真宗

简称真宗，也曾称一向宗。日本佛教宗派之一。日本净土宗创立者源空（法然）弟子亲鸾（1173—1262）创立。亲鸾第八代孙莲如（1415—1499）时净土真宗得到迅速发展。亲鸾所著《显净土真实教行信证文类》（简称《教行信证》）是净土真宗主要经典之一。该教派认为佛教的"真实之教"是《无量寿经》，最重要的部分是阿弥陀所说的四十八愿，其"本体"则是"南无阿弥陀佛"名号，认为"南无阿弥陀佛"名号中包含佛的一切功德，对修行的要求更强调内心的坚定信仰，戒律允许僧侣娶妻食肉。

7、谁是最后从藏经洞劫走大宗宝藏的外国人？

藏经洞发现后，盗宝者纷至沓来，至俄国探险家奥登堡的到来，成为最后一个从敦煌藏经洞劫走大宗宝藏的外国人。

奥登堡（1863—1934），又译鄂登堡。生于后贝加尔州。1885年毕业于彼得堡大学东方语言系梵文波斯文专业，获得副博士学位，留校任教。1903年创建俄国中亚研究委员会，组织了几次中亚考察队。他对中国西北的考察活动是在所谓的"俄国委员会"的主持下进行的。

1909年6月6日，以奥登堡为队长的俄

1—7—1 俄国探险家奥登堡 ▲

1—7—2 奥登堡一行人在中国境内考察途中 ▼

国考察团正式从圣彼得堡出发。其成员由画家兼摄影师杜丁、矿业工程师兼地形测绘员斯米尔诺夫、考古学家喀缅斯基、考古学家助手彼特连柯及后来雇用的翻译霍托组成，是一个专业性十分强的考察团，也是搭配最为合适的考察队。这为他们后来获取丰硕的成果提供了基本保障。此次考察主要是对喀什、吐鲁番、库车等到地考察发掘，收获的文物和资料分存于艾尔米塔什博物馆和东方学研究所档案室。

1914年5月沙俄的第二次考察团成立，成员除参与第一次考察的杜丁、斯米尔诺夫外，还有画家宾肯贝格、民族学家罗姆贝格

及十名辅助人员和一名中国翻译，考察的地点是敦煌石窟。考察团沿塔城、奇台、乌鲁木齐、吐鲁番、哈密而到敦煌。在敦煌期间，他们详细研究了洞窟壁画与彩塑，认真进行了摄影、复描、绘画、测绘、考古清理、发掘和记录工作，连同对莫高窟北区★石窟作了考古清理。考察团的工作一直进行到1915年初第一次世界大战爆发，中国参战而不得不结束。1915年1月26日考察团回国，带走了测绘的443个洞窟的平剖面图，复描的几百张绘画，拍摄了两千多张照片，还剥走了一些壁画，掠走了几十身彩塑，以及莫高窟南北二区洞窟中清理发掘出来的各类文物，加上在当地收购的文物，如各类绘画品、经卷文书等，装满了几大车，浩浩荡荡地运回俄国。

1-7-3 运载文物的俄国考察队 ▼
奥登堡俄国考察队在敦煌期间，从敦煌居民手中收购了300余件敦煌文献，并发掘了部分洞窟中的堆积物。图为载着文物资料的驼队离开莫高窟的情形。

奥登堡考察团回国后，他们获得的资料分成两部分：写卷移交亚洲博物馆，即今天的东方学研究所圣彼得堡分所；艺术品、地形测绘资料和民族学资料、考察记录和日记等存入俄国博物

馆、民族学博物馆、地理学会等各博物馆，后全部收藏在艾尔米塔什博物馆东方部。现在藏于此博物馆的敦煌文献与艺术品等主要包括雕塑、壁画、绢画、纸本画、麻布画以及丝织品等。其中幡画66件、绢画137件、纸本画43件、壁画14幅、彩塑28尊、织物58件、近2000张照片等。而藏于东方研究所圣彼得堡分所的佛经文书约有20000件。

1924年，由华尔纳（Langdon Warner，1881—1955）率领的美国哈佛大学考古调

1-7-4　美国探险家华尔纳　▲

毕业于哈佛大学，曾任该校福格艺术博物馆东方部主任。1924年初首次到敦煌，用胶布片剥离敦煌壁画精品10余幅，劫走彩塑供养菩萨像一尊。1925年再次到敦煌准备大肆剥取壁画，受到当地民众的反对和官府的阻止，没有得逞。

知识库

★莫高窟北区

敦煌莫高窟开凿于鸣沙山东麓的断崖上，在长约1700米的崖面上，保存着七百座洞窟。但这些洞窟分布的疏密、形制的大小及窟内有无壁画、彩塑有区别。以20世纪50年代初敦煌文物研究所编号的第1窟为界，第1窟及其以南崖面上洞窟的分布密集，洞窟与洞窟之间上下相接，左右比邻，而且大多洞窟内有壁画和彩塑，其中有中国最大的彩塑坐佛及卧佛等造像。而第1窟以北崖面上的洞窟分布则疏密不均，有的地段由于地质结构的原因，甚至没有开凿洞窟，而且有些地段的洞窟低矮狭小，有壁画和彩塑者很少，显然有别于第1窟以南崖面上的洞窟。为了研究和科学保护的需要，学术界便将莫高窟存有洞窟的崖面划分为南区和北区，即以敦煌文物研究所编的第1窟为界，第1窟及其以南的崖面为南区，第1窟以北的崖面为北区。

查团来到敦煌。面对空无一物的藏经洞，华尔纳一行人不甘心空手而归，用涂有粘着剂的胶布片，将十余幅唐代壁画精品剥离，连同一尊唐代供养菩萨塑像掠至美国，使敦煌壁画遭到了严重的破坏。

8 · 藏经洞引来了哪些中国学者?

藏经洞发现后,引起了部分中国学者的关注。最早关注和研究敦煌的应是1902年奉命领甘肃学政的叶昌炽。1903年他得到敦煌县令汪宗翰所赠的经卷、画像,在其《日记》中对这些敦煌写本、绢画作了记录、考订、研究,成为第一个研究藏经

1-8-1 清甘肃学政叶昌炽 ▼

洞出土文书的学者。1904年,他又从汪宗翰处获赠一些经卷、画像,也作了考订,并将有关见闻写入其著作《语石》和《邠州石室录》中。1906年叶昌炽卸任后,仍在《日记》中不时记录有关敦煌写本的消息,尤其对自己当年未能西出嘉峪关,尽取藏经洞宝藏愧疚不已。

1909年,中国学术界从伯希和处得知敦煌遗书后,便开始积极呼吁保护藏经洞及敦煌莫高窟。罗振玉在北京抄写研究伯希和所获部分敦煌文献的同时,力促清政府进行保护,使藏经洞剩余经卷得以为北京京师图书馆收藏。之后又和王国维一起将伯希和在敦煌等地发现的汉晋木简照片汇集为《流沙坠简》。此后,陈寅恪、贺昌群、王重民等诸多中国学者也发表了研究敦煌石窟的著述,尤其是陈寅恪先生首次提出了"敦煌学"称谓,具有划时代的意义。这些学者在学术界影响深远,但并未来到敦煌。

第一个来到敦煌作实地考察的中国学者是陈万里。在他之前,驻敦煌的肃州巡防第四营统领周炳南曾命营部司书会同敦煌县署曾于1922年对莫高窟、榆林窟、东千佛洞等进行普查,并首次对石窟进行编号,此即"官厅编号",成文《官厅调查表》,但这仅是属于地方政府的"舆地"调查。1925年2月至7月,陈万里随美国

1-8-2　罗振玉与王国维　▲

1-8-3　张大千在临摹壁画　▲

华尔纳率敦煌考古队西行考察,成书《西行日记》,收录了《官厅调查表》,作为北京大学研究所国学门实地调查报告,1926年由北京朴社出版。陈万里之后来到敦煌的中国学者渐多,著名的有张大千、李丁陇、常书鸿、谢稚柳等一批画家,雕塑家王子云带领的西北艺术文物考察团,以及由考古学家向达、夏鼐、阎文儒等组成的西北科学考察团等。

　　张大千(公元1899~1983年)生于四川内江,祖籍广东番禺,是20世纪中国画坛颇为传奇的国画大师,无论是绘画、

书法、篆刻、诗词都无所不通。1941~1943年间,张大千带领妻子、儿子、侄子两次停留于敦煌莫高窟、安西榆林窟,临摹了约三百幅石窟壁画,并对莫高窟、榆林窟、西千佛洞进行了编号,此即"张大千编号",并详细记录了莫高窟各窟的内容,成书《漠高窟记》。张大千的壁画临摹品曾先后在兰州、成都、重庆等地进行展览,为弘扬敦煌艺术、呼吁在莫高窟设立管理机构、保护中华民族的珍贵文化遗产,做出了很大贡献。

　　由于张大千一行人是以临摹壁画为目的

1-8-4　西北艺术文物考察团团长王子云　▲

而来到敦煌，缺乏考古知识，因此也给敦煌带来了一些破坏。例如，在莫高窟临摹

1-8-5　西北科学考察团在途中　▼

壁画期间，为探视隐藏在晚期壁画下面的早期壁画，张大千剥损了30余处壁画，使敦煌壁画蒙受了一次重大灾难。张大千还曾指使当时居住在上寺的徐喇嘛（汉卿）和马步青派来为张大千担任保卫的"枪兵"对北区洞窟进行了乱挖乱掘，给莫高窟的考古学研究带来了无法挽回的损失。此外，他从敦煌莫高窟带走的文物并没有交给中国政府或中国的文化机构，而是作为私人财产秘密收藏，其后或转赠他人，或公开出售，导致了敦煌文物的流散。

王子云（公元1897～1991年）是江苏省萧县人。肄业于上海美术学校和北京美术专科学校。1930年底至1937年初他在法国留学并游历欧洲，接触到了伯希和、斯坦因有关敦煌的著作。回国后，他于1940年带领教育部派出的"西北艺术文物考察团"前往陕西、河南、甘肃等地考察佛窟、陵墓雕塑壁画遗存。1941年，考察团来到敦煌开展调查研究。考察团拍摄了一批名胜古迹、民情风俗和石窟照片，完全按壁画现况忠实摹写了一批各时代壁画代表作，测量绘制了一幅敦煌石窟全图。完成在敦煌的工作后，考察团先在兰州举办了成果展览，又于1943年元月在重庆举办第一次敦煌艺术展览。1943年夏，王子云回西安，又在民众教育馆举办敦煌艺术展。几次展览吸引了众多观众，弘扬了敦煌艺术。

1942年中央研究院组织了西北科学考察团，历史考古组由向达、夏鼐、阎文儒等学者组成，集中在敦煌考察。1942年9月至次年7月和1944年两次考察河西走廊。他们在大、小方盘城和佛爷庙湾魏晋墓等地进行了科学考古发掘，考察了莫高窟、榆林窟等。夏鼐撰《敦煌考古漫记》、阎文儒撰《河西考古杂记》，向达发表《论敦煌千佛洞的管理研究及其他连带的几个问题》，建议将莫高窟收归国有，并设立管理研究机构。

常书鸿（公元1904～1994年）是浙江杭州人。1923年毕业于浙江省立甲种工业学校染织科，1932年毕业于法国里昂国立美术学校，1936年毕业于法国巴黎高等美术专科学校，同年起任北平艺术专科学校教授。擅长油画。1943年2月，

1-8-6 常书鸿在临摹莫高窟壁画 ▲

赴敦煌考察，筹建敦煌艺术研究所。在敦煌期间，他组织大家修复壁画，搜集整理流散文物，撰写了一批有较高学术价值的论文，临摹了大量的壁画精品，并多次举办大型展览，出版画册，向更多的人介绍敦煌艺术，为保护和研究莫高窟做出了卓越的贡献。

1944年2月敦煌艺术研究所成立后，开始对敦煌石窟进行系统的管理、保护和研究。敦煌石窟开始再次焕发出勃勃生机。

9·藏经洞的珍宝有多少？

藏经洞里藏有上起三国，下迄宋代近十个朝代的五万余件历史文物。内容包罗万象，除了佛、儒、道教和其他宗教经典外，经、史、子、集、诗、词、曲赋、通俗文学、水经、地志、历书、星图、医学、数学、纺织、酿酒、熬糖、棋经等一应俱全，还有大量民间买卖契约、借贷典当、账簿、户籍、信札等。有汉文，也有藏文、回鹘、康居、于阗、龟兹、突厥、粟特、梵文等多种文字写本。文书中还有唐、五代、宋时期的印刷品。除此之外，还有绘画、佛像、刺绣及其他珍贵丝织品。这些历史、地理著作、公私文书等，是我们研究中古社会的第一手资料，誉为"百科全书"毫不为过。但由于最初发现时的原貌没有一份详细而科学的记录和目录，至今藏经洞珍宝的确切数量众说不一。

在诸多记载藏经洞发现的出版物中，仅有斯坦因《西域考古图记》和谢稚柳《敦煌艺术叙录》对藏经洞最初发现时文物堆放的现状有所描述。根据斯坦因的记载，藏经洞中几乎所有的材料原来都是包在包裹皮中的。一类是所谓的"杂包裹"，梵文、于阗文、藏文的贝形写本，回鹘文或粟特文写本卷轴、纸绢绘画、丝织品和相当数量的汉文碎纸块、带有木轴的残经尾、木轴、丝带、布包皮、丝织品做的还愿物、绢画残片、画幡木网架等，都装在这类包裹皮中。另一类是所谓"正规的图书包裹"，每包平均装卷子12个左右，还有80个包裹装藏文卷子，此外还有11个较大的藏文贝叶夹本包。从斯坦因留下的一张汉文写卷刚刚移出藏经洞的照片，可以清

1-9-1　斯坦因劫掠的完整写经包裹　▼
据斯坦因记述，洞中所有的材料原来分包在两种包裹皮中，一类是所谓"正规的图书包裹"，总共有1050个装汉文卷子的包裹，还有80个装藏文卷子的包裹；另一类是所谓"杂包裹"，包着胡语文献和绢纸画美术品。图为斯坦因所掠完整的写经包裹，上面可见有千字文的编号。

楚地看到这些汉文卷子是整齐地一捆捆存放的，其中一个包裹皮上还可以看见"摩诃般若海"5个字，这正是古代佛教寺院图书馆按照《开元释教录》这部唐朝官定的佛经目录而写的经名和千字文帙号，这个包裹所包的应当是"海"字号的40卷本《摩诃般若经》第二帙，说明汉文写经原本是分帙存放的。

藏经洞文献发现时的堆放情况虽有一定的记录，但无数量的记载。流失到国内外的三万多件文物，其过程复杂而隐秘，更无明确数量记录。此外，各国的收藏机构登录和统计方法各不相同，所收资料无法全面公布，因此，至今没有一份正式的藏经洞文献的完整目录。

从1962年商务印书馆编《敦煌遗书总目索引》中公布的数字，至目前国内外公布的藏经洞文物数目编号可知，现流落海外的藏经洞文物数目分别是：英国图书馆东方写本部藏11297号；法国巴黎国立图书馆藏6000余号；英国印度事务部图书馆藏765件藏文文书；法国吉美博

1-9-2　持盘菩萨像幡　▶
唐
绢画　纵80.5厘米　横27.7厘米
现藏法国吉美博物馆
菩萨面右侧身立于莲花上，白巾束发着花蔓宝冠，右手指相捻结印，左手承托盘花，面庞丰满，容貌安祥沉静。着色润泽柔和，画面保存完好，颜色如新，是唐代典型的菩萨造型。

物馆还藏有绢画 220 幅；俄罗斯圣彼得格勒亚洲民族研究所藏 11050 号；日本人橘瑞超收藏 429 号；日本大谷大学藏 38 卷；龙谷大学 7 卷；中村不折个人收藏 163 卷；三井文库藏 112 件；其他人共有 96 卷；美国华盛顿史密森学会弗利尔美术馆和哈佛大学联合艺术博物馆各收藏一幅藏经洞绢画。据不完全统计，美国现藏有敦煌汉文写本 22 卷，丹麦哥本哈根皇家图书馆藏 14 件，合计 30213 件。此外，英国牛津大学金德利图书馆、英国皇家亚洲协会图书馆以及德国柏林科学院所收藏的 6000 余件汉文文书和韩国汉城博物馆藏 2000 余件原朝鲜总督文书、日本藏约 3000 件大谷文书中，都有数目不详的敦煌文书。印度新德里博物馆还藏有一些藏文文书。瑞典、奥地利、原东德等

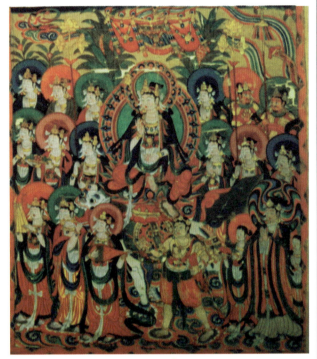

1-9-4　华严经十地品变相图(局部)　▲

1-9-3　华严经十地品变相图　◀
唐末五代初
绢画　纵 286 厘米　横 189 厘米
现藏法国吉美博物馆
此图依据唐实叉难陀译《华严经》绘制。全图从上至下分为 4 段，共计 12 个场面，除最下段佛说法图两侧图为文殊、普贤菩萨外，其余皆以佛结跏趺坐像为中心，周围菩萨、弟子环绕，背景是菩提树和殿堂，表现的是七处九会中第六会中之"十地品"内容，这十地是菩萨修行过程 52 个阶段之中第 41 至 50 位，分别是欢喜地、离垢地、发光地、焰慧地、难胜地、现前地、远行地、不动地、善慧地、法云地。此图是藏经洞绢画中最大的一幅，构图极繁复，描绘精细，色彩鲜丽，保存完好。

国，也都各有收藏。

我国收藏敦煌藏经洞文物的部门也不少。北京国家图书馆藏遗书 16000 余号；北京大学图书馆 212 件；辽宁博物馆 100 件；旅顺博物馆 9 件；甘肃省图书馆 32 件；甘肃省博物馆 138 件；敦煌研究院 383 件；敦煌市博物馆汉文 81 卷；西北师范大学敦煌学研究所 19 件；上海博物馆 80 件；上海图书馆 187 件；天津博物馆 325 件；南京图书馆 32 件；浙江省博物馆 176 件；浙江省图书馆 20 件；湖北省博物馆 31 件；重庆市博物馆 13 件；台湾中央图书馆 156 件；台湾历史博物馆 20 余卷。共计约 18000

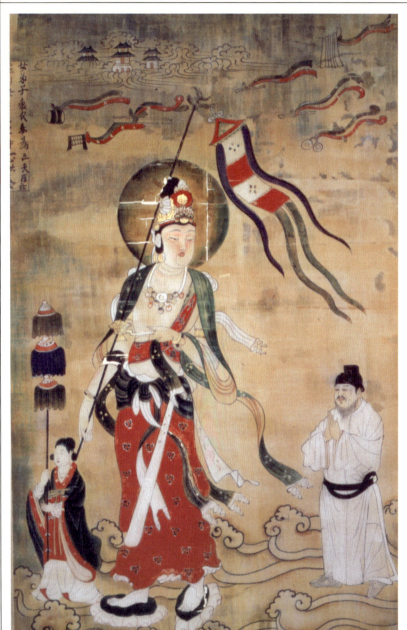

1-9-5 引路菩萨图
五代
绢画 纵94.5厘米 横53.
厘米
现藏法国吉美博物馆
引路菩萨戴花蔓冠，左手扫
香炉，右手担龙首长幡杆，幡
旗飞扬，络腋斜披，腰束大红
花裙，脚踏宝莲，乘云而行
面部和肌肤，淡红彩晕，神情
庄重，风姿轻盈潇洒。持伞盖
的童子先导于前，虔诚合掌
的往生者紧随其后，足下祥
云飘动，空中乐器顺势飞浮
不鼓自鸣。象征净土的楼阁
云中显现。据画题记可知，是
为康氏女为亡夫作供养所绘
此图往生者形象代表了这时
期人物画的风格。

多件。还有一些收藏单位和数目不详。

　　从上面的统计可知，敦煌藏经洞的文物至少分散在世界上十多个国家中。藏经洞文物流入西方以后，以藏经洞发现为肇端，继而引发了对莫高窟和敦煌地区石窟的世界性研究热潮，一百年来经久不衰。

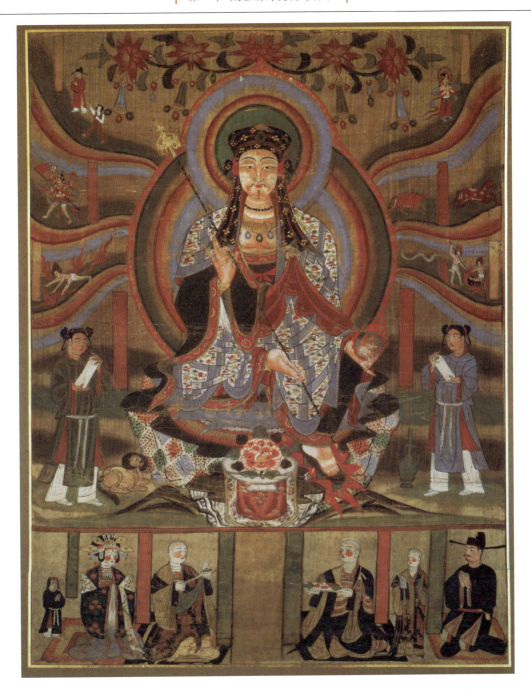

1—9—6　被帽地藏菩萨图
北宋
绢画　纵76.6厘米　横58.7厘米
现藏法国吉美博物馆
地藏菩萨半跏趺坐于岩座上，头裹绣花黑巾，身着
华丽的云水纹衲衣，左手持火焰宝珠，右手持锡杖。

岩座两旁是手持纸束的善、恶二童子，善童子旁有
蹲狮。地藏菩萨的身光左右是放射状的五彩云波纹，
分别绘天、人、阿修罗、畜生、饿鬼、地狱等六道
图像。画面下部是供养人画像。此画色彩鲜丽，保
存完好。

10·莫高窟还存在第二个藏经洞吗？

由于藏经洞的发现以及对世界学术界的影响，后来又于1944年在莫高窟中寺★后院土地庙发现了敦煌文献85件。于是有的学者大胆提出莫高窟是否还存在第二个藏经洞的推测，并以《回鹘文写本与莫高窟第二藏经洞》为题进行了论述。

此观点的提出并非空穴来风，而有一定的依据。1908年法国人伯希和从位于北区的伯编第181号洞（即今编莫高窟第464窟）发现并窃取了大批经卷文书，其中仅回鹘文文献就有数百件，加上现散存于瑞典民族学博物馆、日本藤井有邻馆及羽田氏藏西域古语资料、日本天理图书馆藏张大千原收藏品等，总计经卷文书近千件，而这些文书都是来自于莫高窟第464窟。于是有人推测莫高窟第464窟当年有可能是元代存放回鹘文经卷文书的场所。如果这一推测成立，那么位于北区的第464窟就成为所谓的"莫高窟第二藏经洞"。

关于莫高窟"第二个藏经洞"的问题，敦煌研究院的学者一直很关注。在对北区洞窟进行考古发掘时，时刻围绕着这一设想，严密注视着在被流沙完全掩埋的洞窟中，是否存在有"第二藏经洞"的迹象，并利用现代遥感技术对北区崖面，以及南区崖面和洞窟进行了探测，结果一无所获。但在位于南区的某一大型洞窟甬道北侧，探测到一个被完全封闭的洞窟，在得知这一信息后，敦煌研究院的学者们喜出望外，因为该洞窟所在位置与藏经洞所在位置完全相似，也是在甬道北侧的洞口外绘制壁画，从已残破的壁画处，看到有土坯垒砌的现象，只是尚无法得知其内是不是藏有经卷文书。

随着敦煌石窟壁画保护、研究工作的深入，探索洞窟壁画病害成因，敦煌研究院石窟保护研究所陆续购进了一批先进的设

1-10-1　莫高窟中寺外景　　　▼
1944年在莫高窟中寺后院土地庙内发现了85件文献。

1-10-2 莫高窟第464窟中室全景 ◀

此窟位于北区。1908年法国人伯希和将此窟编号为P.181号洞，并在该洞窟内盗掘了二箱文物。其中有回鹘文木活字968枚及一大批汉文及多种民族文字文献。

备，其中有一台医用内窥镜。利用此内窥镜，对用遥感技术发现的那一个洞窟进行探测，结果令人大失所望，被完全闭封的那个洞窟是一个空洞窟，其内一无所有。就目前所知，所谓莫高窟"第二个藏经洞"仍无新线索可寻，或许莫高窟根本就不存在"第二个藏经洞"。不仅南区石窟不存在，在北区石窟也不存在。

1-10-3 木刻印刷回鹘文佛经 ◀

莫高窟第464窟出土。存回鹘文6行，木刻本。其中有汉字"安亭四"、"凡一千二百八十颂"等文字。

1-10-4 泥金书写的回鹘文《梁朝傅大士颂金刚经》残页 ◀

出土于莫高窟北区第464窟西北侧室。残存回鹘文5行。纸张为制作精良的磁青纸。文字为写经体，系用金粉和泥后使用硬笔书写。上下有单线边框。文书残宽11.5厘米，高29.8厘米。这是首次发现的用泥金书写的回鹘文《梁朝傅大士颂金刚经》。

知识库

★ 莫高窟中寺

敦煌莫高窟有上、中、下三寺。上寺又称"雷音寺"，中寺紧接上寺，分前后院，有通道相连。后院有另一门供出入，门上匾额书"皇庆寺"。下寺又名"太清宫"，是一道观。南距中寺数百米，地势略低，故名，是道士王圆箓修建的。

11·藏经洞如何打开了敦煌学的大门？

藏经洞发现以来，从最初对敦煌出土文献研究开始，逐渐扩展至对敦煌石窟、敦煌史地，甚至丝绸之路沿线的出土文物的研究，从而形成了一门新兴的学科——敦煌学。第一个使用敦煌学这个名词的是史学家陈寅恪先生。他在《敦煌劫余录》一书的序中说："敦煌学者，今日世界学术之新潮流也。自发见以来，二十余年间，东起日本，西迄法英，诸国学人，各就其治学范围，先后咸有所贡献。"这个名称就此沿用下来。

藏经洞发现的文献及敦煌石窟建筑、壁画、雕塑以至敦煌的历史文化等有关问题，引起了中外大批学者的注意，并给予了充分的研究和探索，使敦煌学成为一门国际显学。

敦煌学内容异常丰富多彩，它对中国文化史的研究有重要的作用。概括起来有几个方面：首先，为中国历史、地理的研究增加了许多新的内容，甚至填补了某些空白，如唐末敦煌地区的民族文化交流，政治、经济及社会制度等情况，藏经洞就发现了一些唐代地理佚书，对研究中古史地有重要价值。第二，促进了中国文学史研究的发展，发现了一批新的文学史资料，新的文学体裁。通俗文学历来为中国文学史研究的薄弱环节，敦煌文献中的大批资料，为研究者提供了许多新的课题。第三，敦煌对于艺术史和考古学研究，更是意义非常。敦煌的绘画、雕塑、建筑、书法、音乐、舞蹈，从六朝一直到宋、

1－11－1　药师如来像
唐
绢画　纵84厘米　横49.1厘米
现藏法国吉美博物馆
图中药师佛身着淡绿色衲衣，外披大红田相袈裟，足踏莲蓬，左手托钵，右手执锡杖，上方是由白牡丹和两朵红莲花及蔓草、璎珞组成的华丽天盖。佛左、右各一老少僧人，皆神情虔诚谦恭。右上方题记："奉为亡过小娘子李氏画药师佛壹躯永充供养兼庆赞记"，可知此画是为亡人作供养所绘。人物衣饰华美，虽逾千年，但仍鲜艳如新。

1—11—2　华严经变相七处九会图局部　▲

1—11—3　酒账单　▼

北宋

纵33.5厘米　横118厘米

现藏敦煌研究院

头、尾皆残，存49行。无纪年，为四月九日至六月二十四日的100笔用酒帐，其中"五月"、"六月"用朱笔书写。纸张接缝处，钤有"归义军节度使新铸印"长方朱文印。研究者认为酒帐立于宋干德二年（元964年）。反映了敦煌当时政治、经济、宗教、文等多方面的情况，具有重要价值。原纸割裂为二，11行藏敦煌研究院，后截由日本青山庆示先生收藏1997年捐赠敦煌研究院。

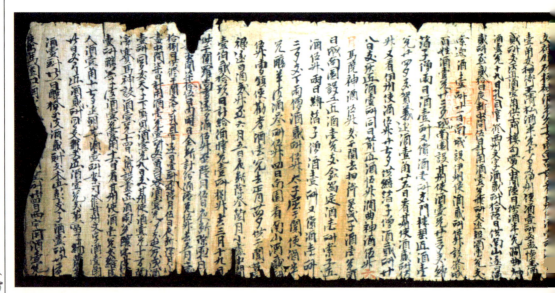

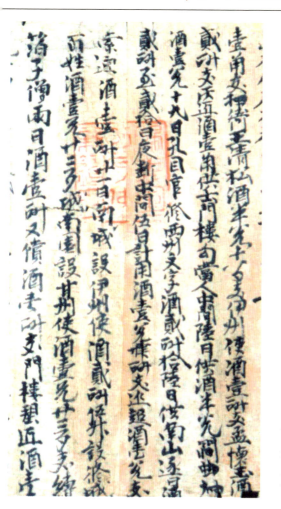

元，数量之大，内容之丰富，超过了以往任何一处古代遗存。从题材上看，有佛经故事，也有世俗内容，反映的人物、事物多种多样，涉及社会生活的各个方面，多学科的研究者都能从这里找到重要的数据。第四，敦煌石窟中保存了一些中国语言学、音韵学的古籍，对研究中国文字、语言发展和演变有重要作用。第五，敦煌是宗教研究的宝库，除了数量最多的佛教资料外，还有曾经一度流行但现在已绝迹的宗教如摩尼教、火祆教的典籍，引起中外学者的关注。第六，对古代科技研究的价值，诸如造纸、装潢、印刷、天文历算、医学、交通运输等。第七，敦煌正处东西文化交流的通道，留下了大量文化交融的痕迹，它是参与者，也是见证者，做中外文化交流史研究，敦煌是不可或缺的。

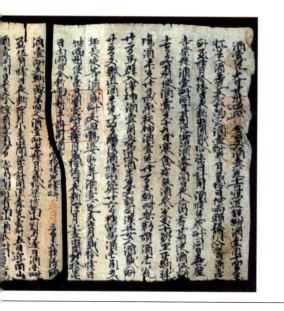

1—11—4　华严经变相七处九会图　　▲

五代

绢画　纵194厘米　横179厘米

现藏法国吉美博物馆

内容表现《华严经》中毗卢遮那佛（法身佛）在7个场所9次说法的集会。用菱形纹划分9个画面，均以佛为中心，周围环绕听法的菩萨、圣众，下部绘金刚轮山、香水海和大莲花，莲花中城廓整齐划一，表现莲花藏世界。每图除佛印相的细微差别外，其余大都雷同。敦煌石窟壁画中七处九会的华严经变也很多，但绢画中这是唯一的遗品，而且保存完好，描绘繁复，属巨幅之作，弥足珍贵。

一—11—5 不空羂索观音菩萨图

北宋

绢画　纵84厘米　横64.6厘米

现藏法国吉美博物馆

主尊不空羂索观音菩萨结跏趺坐于莲座上，戴阿弥陀佛宝冠，一面八臂，主手持长茎红莲花，胁手各持器物。两侧胁侍菩萨、弟子，上角左右各绘天王，左侧为张弓欲射之东方提头赖吒（持国天），右侧为执剑的西方毗楼博叉（广目天）。下方供台两侧是供养人画像。此画构图严谨，保存完好。

第二章 百科全书式的文献

1 · 藏经洞的文献以佛经为主吗？

藏经洞文献中约百分之九十是佛教经典。时代最早的佛经是日本中村不折所藏的《譬喻经》，经末题记有"甘露元年写讫"字样，即前秦甘露元年（公元３５９年）。这是现存最早的佛经写卷，这也是藏经洞敦煌文献的最早纪年。

藏经洞所藏佛教经典中，经、律、论三类应有尽有，数量最多的是《大般若波罗蜜多经》、《金刚般若波罗蜜多经》、《妙法莲华经》、《金光明最胜王经》、《维摩诘所说经》等，而最有价值的则是禅宗经典和三阶教经典。

《金光明最胜王经》，又称《金光明经》，是印度大乘佛教★经典，对唐以后的佛教信仰产生很大影响。《金光明经》前后多次被翻译，还有一个合本。此经被认为具有千悔灭罪，保佑平安的功效，因此经卷的末尾多附有供养人或写经人的题记。河西地区

非常流行《金光明最胜王经》，不仅在藏经洞中保存大量《金光明最胜王经》，而且在洞窟中还保存一些《金光明最胜王经变》及画稿，如隋代第４１７窟，中唐第１５８、１５４、１３３窟，晚唐第１５６、１９６、８５、１３８窟，宋代第５５窟等，在莫高窟共存十幅。迄今为止，敦煌发现的此类写经国内藏约６００件，国外散落约４００件，总数在１０００件以上，可见信众甚广。

禅宗是奉菩提达摩为始祖的中国佛教宗派。其法门在悟，重在智慧的启发，认为一切现象都是佛法，日常生活中所接触到的种种事务及现象都是佛法，习禅的人把一切看在眼里，悟在心里，就可成佛。禅宗自北魏传入中国后，经过中国僧侣的改造，成为最具中国特色的佛教宗派。自唐代起，禅宗分为南北两宗。由于南宗慧能成为正统，早期禅宗历史及禅宗北宗历史渐被淹没，敦煌文献中却发现了许多与此

有关的资料，如《菩提达摩南宗定是非论》、《顿悟无生般若颂》、《南天竺国菩提达摩禅师观门》、《观心论》、《楞伽师资记》等，其中《楞伽师资记》明确记载了神秀—玄赜—慧安—普寂等禅宗北宗的世系，《观心论》则被认为是北宗创始人神秀的著作。敦煌文献中还发现了迄今为止最早的《六祖坛经》，与宋代以后的《坛经》多有不同，对了解慧能禅宗思想的形成十分重要。《顿悟大乘正理诀》是公元792~794年间由敦煌赴拉萨的大禅师摩诃衍等三人与印度僧人辩论的记录，对研究西藏的佛教史、尤其是禅宗传入西藏的历史有着非常重要的价值。

三阶教是北周末年僧人信行（公元541~594年）创立的佛教教派，武则天执政时一度兴盛。开元十三年（公元725年）政府下令取缔三阶教，到北宋初年，此教已烟消云散，其经典也荡然无存。敦煌文献中也保存了不少三阶教经典，如《三阶佛法》、《三阶佛法密记》、《佛说示所犯者法镜经》、《三界佛法发愿法》等。它们的发现，为佛教研究增添了新的内容。

藏经洞出土的佛经中有不少是《大藏经》中未收佛经，即所谓藏外佚经，不仅可补宋代以来各版大藏经的不足，还为佛教经典和佛教史的研究打开新的门径。敦煌佛经中还有一些特殊的途类，即被认为是中国人假托佛说而撰述的"伪经"，是研究中国佛教史的宝贵资料。梵文、古藏文、回鹘文、于阗文、吐火罗文及与汉文对照的佛经，对摸清汉译佛经的来源以及考证佛经原文意义重大。隋唐时期的写经，由于校勘精良，错讹较少，对校勘唐以后印本佛典也大有裨益。

2-1-1 《妙法莲华经·序品》 ▼
唐
纵23厘米 横843厘米
现藏敦煌研究院
此卷为《妙法莲华经·序品第一·方便品第二》，首尾完整。绀纸银栏金字，金字、银栏与深色底相映夺目。以金墨或银墨书写于暗色纸绢上的作法，为后代广泛效法。此卷为敦煌藏经洞数万文献中仅存的金墨写经之一，弥足珍贵。

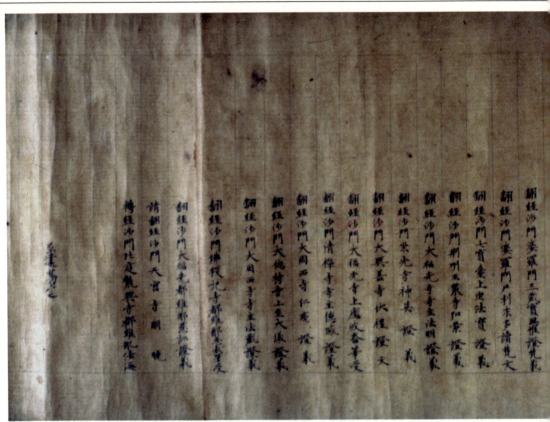

界盡見彼五趣衆生又見彼五趣在諸佛
及聞諸佛所説經法并見彼諸比丘比丘
優婆塞優婆夷諸修行得道者復見諸菩
摩訶薩種種因縁種種信解種種相貌行菩
薩道復見諸佛般涅槃後以佛舍利起七寶塔
念今者世尊入于三昧是不可思議現希有事
今佛世尊入于三昧是不可思議現希有事
念今者世尊現神變以何因縁而有此瑞
當以問誰誰能荅者復作此念是文殊師利
法王之子已曾親近供養過去無量諸佛必
應見此希有之相我今當問門尒時比丘比丘
尼優婆塞優婆夷及諸天龍鬼神等咸作此
念是佛光明神通之相今當問誰尒時弥勒
菩薩欲自决疑又觀四衆比丘比丘尼優婆
塞優婆夷及諸天龍鬼神等衆會之心而問
文殊師利言以何因縁而有此瑞神通之相
放大光明照于東方万八千土悉見彼佛國
界莊嚴於是弥勒菩薩欲重宣此義以偈問
曰

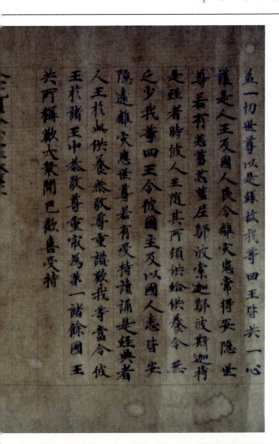

2-1-2 《金光明最胜王经》

武周

现藏中国国家图书馆

此为宫廷写经，存7纸199行，尾题后附经字音，即当年认为是难认的字的注音。有武则天大周长安三年译经题记："大周长安三年（公元703年）岁次癸卯十月已未朔四日壬戌，三藏法师义净奉制于长安西明寺新译并缀正文字"。后有证梵义一人，读梵文一人，证义十一人，笔受二人，证文一人，勘记一人，反映了梵经汉译的规模和制度。

益一切世尊以是緣故我等四王皆共一心

護是人王及國人民令離衰患常得安隱世

尊若有樂菩蕯屋鄔波索迦鄔波斯迦持

是經者時彼人王隨其所須悕給供養令無

乏少我等四王令彼國王及以國人悉皆安

隱遠離衰患世尊若有受持讀誦是經典者

人王於此供養恭敬尊重讚歎我等當令彼

王於諸王中恭敬尊重最為第一諸餘國王

共所稱歎大眾聞巳歡喜受持

南无安乐世界素辩胎佛
南无云黄万新一切烦恼佛
南无普巴世界还空藏佛
南无安乐世界胎胎王 佛
南无涤世界净明王 佛

（佛名经书法正文，略）

2-1-4 《佛名经》
五代
现藏中国国家图书馆

《佛说佛名经》是印度大乘佛教经典。有北魏菩提留支译12卷本，失译人名30卷本。敦煌出土的300多件佛名经，有16卷本、18卷本和20卷本。此卷共29纸565行，彩绘佛像14尊，有"瓜沙州大王印"。题记："敬写大佛名经贰佰捌拾卷，伏愿城隍安泰，百姓康宁；府主尚书曹公已躬永寿，继绍长年，合宅枝罗，常然庆吉。于时大梁贞明六年（公元920年）岁次庚辰五月十五日记"。由于本经是伪经，故除唐贞元年间一度入藏外，中国历代大藏经均不收录，但在民间却极为流行，并传至日本、朝鲜。此经对研究中国所撰《佛名经》的演变，中国佛教民间信仰等均有重大意义。

知识库

★大乘佛教

佛教创始人释迦牟尼逝世后，佛教内部由于对释迦牟尼所说的教义有不同的理解和阐述，先后形成了许多不同的派别。按照其教理等方面的不同，以及形成时期的先后，可归纳为大乘和小乘两大基本派别。小乘佛教（Hinayana），为大乘佛教（Mahayana）于公元1世纪左右出现后，对原始佛教和部派佛教的贬称，但现代学者使用大小乘概念时，已无褒贬抑扬之义。二者的主要区别是：小乘佛教奉释迦牟尼为教主，追求个人的自我解脱；大乘佛教则认为三世十方有无数佛同时存在，追求大慈大悲，普渡众生，把成佛救世，建立佛国净土为目标。在义学上，小乘佛教总的倾向是"法有我无"，即只否定人我的实在性，而不否定法我的实在性，而大乘佛教则不仅主张人无我，而且认为法无我，即同时否定法我的实在性。

2·佛教洞窟中为何出现其他宗教典籍？

历史上的敦煌既是中原王朝的边陲重镇，又是毗邻西域各国的国际名城，曾经商旅云集、热闹喧嚣，是中国文明输出和西方文明输入的中转站。创始于印度的佛教通过丝绸之路东传，先进入河西，再传入长安，以后又传播到江南，因此河西成为首要的中转站。敦煌在佛教东传过程中举足轻重，成为佛教圣地。但在佛教盛行的同时，其他宗教也占有一席之地。

2-2-1 《无上秘要经》
唐开元六年
现藏中国国家图书馆

最早的大型道教类书，北周武帝宇文邕纂辑。9纸249行。题记："开元六年（公元718年）二月八日沙州敦煌县神泉观道士马处幽并侄道士马抱一奉为七代先亡及所生父母法界苍生敬为写此经供养"。敦煌遗书中马处幽叔侄抄写的《无上秘要经》约存10件，题记年代、地点相同者有5件。结合这些写卷的卷次看，当时这叔侄两道士可能抄写了全本的《无上秘要经》。

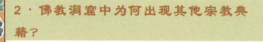

道教是以中国神仙传说和道家学说为教义的宗教，尊老子为教主。老子即周王室的史官李耳。道教兴起于东汉中后期，魏晋时，已传入河西地区。虽然它在敦煌的发展远不如佛教，但在唐朝前期，由于统治者推崇老子，曾一度兴盛起来。因而，在敦煌文献中也保存了为数不少的道教典籍。敦煌文献中的道教经卷约有500号左右，大多是初唐至盛唐的写本。主要有老子《道德经》及该经的各种不同注本，如河上公注、想尔注、李荣注，以及该经的题解。河上公注本为道徒所传颂，风行一时。想尔注则是研究早期道教思想的重要材料。《太玄真一本际经》、《太平经》、《上清经》、《灵宝经》等道教经典，是研究道教理论的好材料。《老子化胡经》是反映道教与佛教争夺地位的文献，元代以后，彻底亡佚。此经今仅存于敦煌文献中，十分珍贵。而纸质优良、书

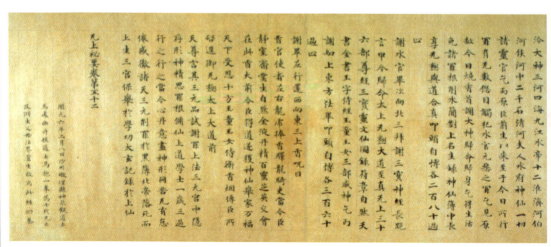

法工整、品式考究则是敦煌道教文献的一大特色。

通过丝绸之路东传而来的除佛教外，还有来自波斯的祆教、摩尼教，以及由罗马教会分裂出来的基督教的支派景教等。敦煌文献中也保存了有关祆教、摩尼教、景教文献，也为我们了解古代中西文化交流提供了重要历史证据。

祆教又称拜火教，是古代中国对中亚所传的琐罗亚斯德教的称呼。祆教是世界上最古老的宗教之一，由古波斯人查拉斯图拉（一译查拉图施特拉，约公元前628—前551年，琐罗亚斯德乃因袭古希腊人的讹音）创立，奉《阿维斯塔》（Avesta）为经典。该教认为火是善和光明的象征，因而崇拜火，以礼拜圣火为主要仪式。随着信奉祆教的粟特人经商和迁徙，祆教也传入了中国。约在西晋怀帝时，敦煌已成为粟特商人的集散地，发展至唐代，形成兴胡泊、石城镇和从化乡三处粟特人的聚

2-2-2 《无上秘要经》局部 ▲

居点，相应建有两所祆祠。一所在从化乡的安城，所谓"板筑安城日，神祠与此兴"。直属归义军衙府管辖，赛祆的全部支出亦由衙府承担，文献记载的赛祆活动全在此祆祠举行。另一所为新城镇一带居民的祈赛之地。每年的正、四、七、十月为赛祆的常规时间。敦煌的赛祆一方面是"一州祈景祚，万类仰休征"，另一方

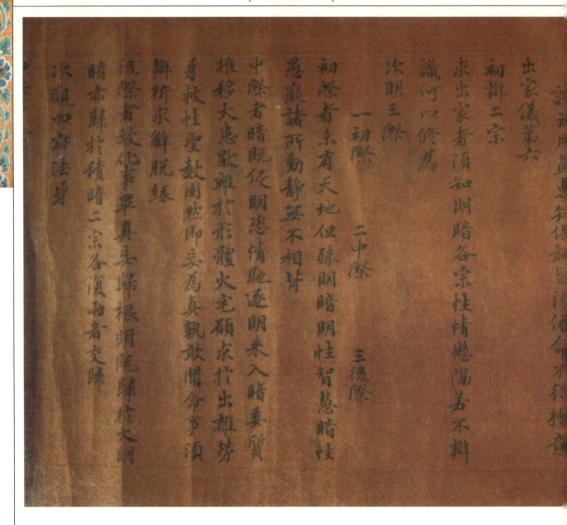

出家儀軌六

初約二宗

求出家者須知明暗各宗性情懸隔若不辯
識何以修為

次明王際

一初際

中約者暗既從明怒情馳逐明來入暗委質
恐壞諸所動靜無不相甘

推移大患歡雞於於體火完顧求於出離勞
身救性聖教圖然即妄為真靴然開命事須
顯祈求解脫緣

後際者教化事畢真妾歸根明既歸於大明
暗亦歸於積暗二宗各復兩者交歸

水觀四寂法身

初際者未有天地但殊明暗明性智慧暗性

二中際

三後際

2-2-3 《摩尼光佛教法仪略》 ▲
唐
现藏法国国家图书馆
这是唐玄宗时在中国的摩尼传教士奉诏撰写的一份
解释性文件。现存残本计一千五百多字，主要内容
为简介摩尼教的起源、教主摩尼的主要著作、教团
组织、寺院制度、教义核心等，对研究当时中亚地
区和中国的摩尼教有重要价值。

面是求雨、雩祭。敦煌壁画中，肩生火焰
的天神形象，应受到该教的影响。藏经洞
里发现有粟特语祆教残经。

摩尼教是公元 3 世纪中叶波斯人摩尼
（Mani）创立的宗教，教义吸收了基督教、
琐罗亚斯德教（即祆教）等多种宗教成
分，以二宗三际论为其教义核心，主张善
恶二元论。该教创立后，即在波斯帝国萨
珊王朝 ★ 境内广为传播，并迅速传入北
非、欧洲、小亚细亚、中亚一带，并经中
亚传入中国。该教在西传时逐步基督教
化，在东传时则日益佛教化。唐代时曾在

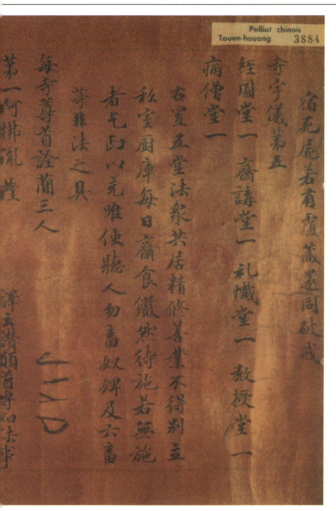

督教由地中海地区东迁波斯，公元5世纪成为波斯的国教。唐初，该教传教士阿罗本等人经波斯来到长安译经传教，并在中国广建寺院，唐武宗灭佛时同遭禁绝。景教在唐代流行情况，文献记载不详，直到明天启五年（1625年）年在长安发现了《大秦景教流行中国碑》后才略知一二。藏经洞文献中，景教汉译经典抄本已确认的有《大秦景教三威蒙度赞》、《尊经》、《大秦景教宣元本经》、《志玄安乐经》、《序听迷诗所经》、《一神论》以及景教人物图像等。这些罕见的景教文献，有助于人们全面了解其在中国流行的情况。

回鹘人中广泛传播，在新疆有为数众多的回鹘文摩尼教残经出土。敦煌藏经洞中有《摩尼光佛教法仪略》、《下部赞》、《摩尼教残经》等三种摩尼教经典的汉文译本，对研究当时中亚地区和中国内地的摩尼教具有重要价值。

景教是唐代对基督教聂斯脱利派（Nestorianism）的称呼。公元431年以弗所宗教会议宣布聂斯脱利派为异端，这一派基

知识库

★ 萨珊王朝

古代伊朗的一个王朝，因其创建者阿尔达希尔的祖父萨珊而得名。建立于公元224年，覆灭于公元651年。期间与中亚的印度贵霜王朝、东亚的东汉及欧洲的罗马帝国并称，四国雄霸欧亚。在最强盛之时，曾多次威胁比邻的贵霜王朝及东罗马帝国。以祆教为国教，全体人民分为教士、军人、文人和平民四等。

2-2-4　铜十字架　　　　　　　　　　▲
宋
现藏敦煌研究院
青铜铸造，横竖交叉的十字位于圆环中央。圆环上
有四个鸟头。十字架是基督教的法物。此物反映了
基督教在敦煌的传播。

2-2-5　　《大秦景教三威蒙度赞》　　　▼

3·藏经洞保存了多少史籍？

藏经洞保存的史籍较多。除部分现存史书的古本残卷外，还有不少佚书，它们不仅可以补充历史记载的不足，还可订正史籍记载的讹误。例如，《天地开辟以来帝王纪》是一部年表性质提要史书。藏经洞出土的著录者四号，分别是 S.5505，P.2652、4016，S.5787。此书仅一卷。正文始于天地开辟传说，中间记三皇五帝时故事，终于殷周，约三千字，似供童蒙诵习之用。《汉书》是一部纪传体断代史。东汉班固撰，共一百二十卷。藏经洞出土的见于著录者九号，均为残卷，存有《刑法志》、《萧望之传》、《王莽传》、《萧何传》、《张良传》、《匡衡

传》、《项羽传》等内容。《三国志》是一部纪传体三国史，西晋陈寿撰。近现代出土的早期晋人抄本残卷有四，其中一卷出于敦煌遗书中，即敦煌研究院 0287 号《步骘传》残卷，始于"解患难"，讫于"严卫尉，张"，存二十五行，四百四十字。《晋春（阳）秋》是一部编年体东晋史，东晋孙盛撰。六朝时为晋史代表，唐修《晋书》行世后，地位渐失，约在南宋后亡佚。敦

2-3-1　《三国志·步骘传》残卷 ▼
东晋
纵24.2厘米　横42厘米
现藏敦煌研究院
残卷存 25 行，440 字，纸质较厚，曾被水浸，有霉点。以淡墨线为界栏。书写内容是西晋陈寿撰《三国志·步骘传》，只保存后半部和评语的前半部。无纪年，据考为东晋时期抄本，是留存至今为数不多的早期写本之一。

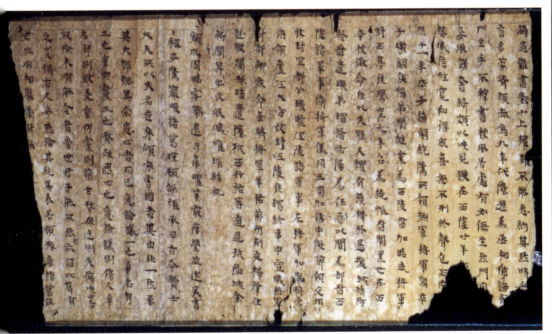

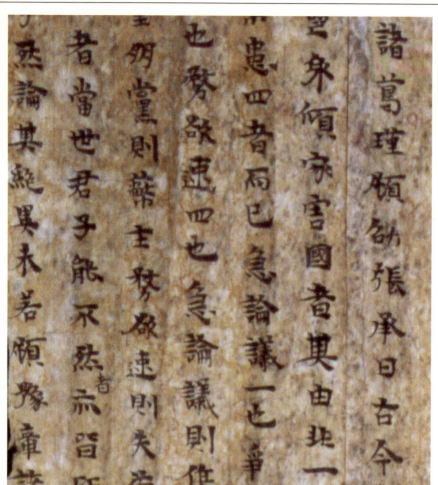

2-3-2 《三国志·步骘传》残卷局部 ◀

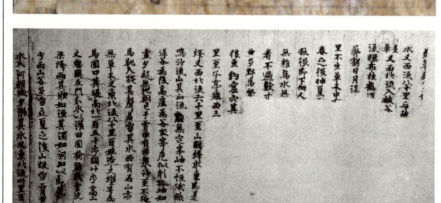

2-3-3 《沙州都督府图经》 ◀

煌与吐鲁番各出写本残卷一卷。敦煌本P.2586为此书传世最早写本。前后残损，无书题。记晋元帝太兴二年（公元319年）事，其存者始于二月，讫于六月，计一百五十一行，约二千八百字。《晋书》是一部纪传体晋史。唐以前撰《晋书》而在唐初尚流传者，据记载有臧荣绪等十八家。唐房玄龄等以臧著为主，参考诸家，撰成冠以唐太宗御撰名义的纪传体《晋书》一百三十卷，列为正史。敦煌所出已著录者三卷，残存有《何曾传》、《傅玄传》、《陆机传》等内容。

史籍中的一批地理著作，也十分引人注目，如《沙州都督府图经》、《沙州伊州地志》、《寿昌县地境》、《沙州志》等。这些已亡佚的古地志残卷，是研究唐代西北地区，特别是敦煌历史地理的重要资料。例如，《沙州都督府图经》是唐代沙州的地志。武周万岁通天元年（公元696年）编纂《沙州图经》五卷，今仅存卷一之起首部分及卷五寿昌县部分。开元四年（公元716年）后曾增修，旨永泰二年（公元766年），沙州升为都督府，改名《沙州都督府图经》。敦煌发现两个残抄本，即P.2005、2695，二本皆残失前部，前者存五百十三行，后者仅存七十九行。该残卷保存了唐代敦煌县河流、水渠、泉泽、堤堰、道路、驿馆、学校、祠庙、古迹、名胜、祥瑞记事及"歌谣"等丰富的资料，对研究敦煌历史、地理、人文有重要价值。《沙州伊州地志》是晚唐地志，藏经洞发现的此书见于著录的有多件，其中

2-3-4　地志　　　　　　　　　▼
唐
现藏敦煌市博物馆
首尾俱残，由七张麻纸黏连成卷，现存一百零六行。起陇右道同谷郡，止岭南道贺水郡。见于地志的郡（州府）共一百三十八个，县六百四十一个。其所志郡县约占当时中国郡县总数的40％以上，是研究唐代历史、地理、军政、经济、公廨钱制度等方面的珍贵资料。当中所记诸州贡物，也为研究唐代植物、动物、矿物等自然资源和手工艺品提供了新的线索。

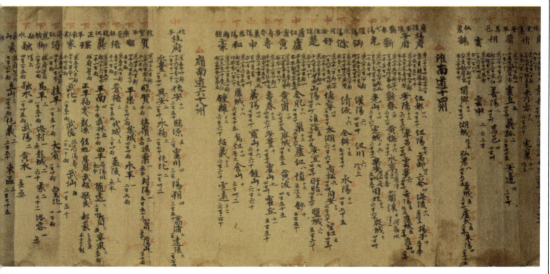

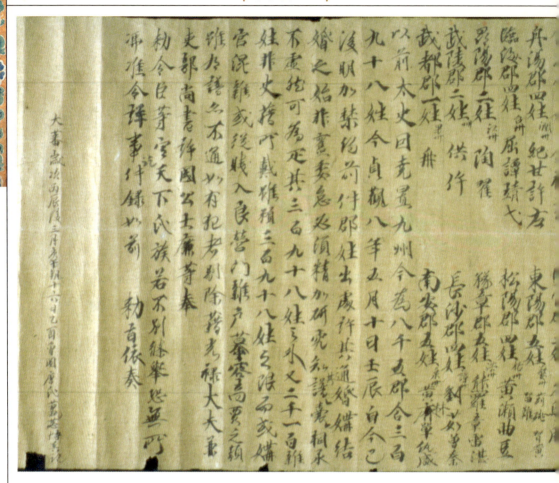

2-3-5　天下姓望氏族谱 ▲

唐

现藏中国国家图书馆

写本姓望谱录。首残尾全，3纸46行，尾存题记二行。分前后两部分，前部记66郡266姓，后部为唐贞观八年（公元634年）高士廉奏疏和诏敕。卷末题记："大蕃岁次丙辰后三月庚午朔十六日巳酉鲁国唐氏芯窋悟真记"。题记后有朱书"勘定"二字。对此卷的性质、用途有多种分析，或说是私家撰写的常识性、普及姓氏录，或说是官方文书，还有说是委托之氏族录等。

S.367首缺，有尾，存八十六行。第一至二十八行为沙州之部，残存寿昌县龙勒泉以下迄蒲昌海之内容。自二十九至八十一行为伊州之部，八十一行之下半至八十四行五个条目的体例及条目顺序皆与正文不合，但字迹墨色同为一人一时所写，推测为补前所漏抄，并节录沙、伊二州之外与沙伊二州有关的条目。

关于归义军统治敦煌的历史，在正史中记载非常简略，以往人们对这段历史的情况只能零星的了解，且错误很多。敦煌文献中有关这段历史的资料在上百种以上，学者根据这些资料，经过数十年来的研究，基本搞清了这段历史，使之有年可

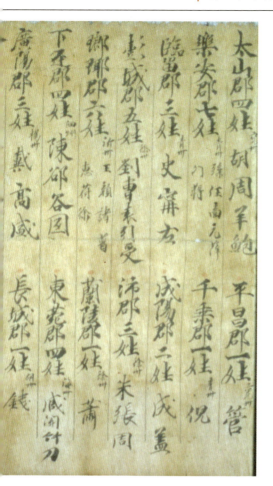

一批地理著作，也十分引人注目，如《沙州都督府图经》、《沙州伊州地志》、《寿昌县地境》、《沙州志》等。这些已亡佚的古地志残卷，是研究唐代西北地区，特别是敦煌历史地理的重要资料。例如，《沙州都督府图经》是唐代沙州的地志。武周万岁通天元年（公元696年）编纂《沙州图经》五卷，今仅存卷一之起首部分及卷五寿昌县部分。开元四年（公元716年）后曾增修，旨永泰二年（公元766年），沙州升为都督府，改名《沙州都督府图经》。敦煌发现两个残抄本，即P.2005、2695，二本皆残失前部，前者存五百十三行，后者仅存七十九行。该残卷保存了唐代敦煌县河流、水渠、泉泽、堤堰、道路、驿馆、学校、祠庙、古迹、名胜、祥瑞记事及"歌谣"等丰富的资料，对研究敦煌历史、地理、人文有重要价值。《沙州伊州地志》是晚唐地志，藏经洞发现的此书见于著录的有多件，其中S.367首缺，有尾，存八十六行。第一至二十八行为沙州之部，残存寿昌县龙勒泉以下迄蒲昌海之内容。自二十九至八十一行为伊州之部，八十一行之下半至八十四行五个条目的体例及条目顺序皆与正文不合，但字迹墨色同为一人一时所写，推测为补前所漏抄，并节录沙、伊二州之外与沙伊二州有关的条目。

稽，有事足纪，千载坠史，终被填补。

敦煌文献中保存的大量中古时期的公私文书，虽不是史籍，却是研究中古时期社会历史的第一手资料。这些未加任何雕琢的文书，都是当时人记当时之事，完全保存了原汁原味，使我们对中古社会的细节有了更深入的了解。其中的一批寺院文书，包括寺院财产账目、僧尼名籍、事务公文、法事记录，以及施入疏、斋文、愿文、燃灯文、临圹文等，是研究敦煌地区佛教社会生活不可多得的材料。史籍中的

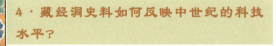

4 · 藏经洞史料如何反映中世纪的科技水平？

敦煌藏经洞中的科技史料，是中国科技史上的一支奇葩。包括数学、天文学、医药学、造纸术和印刷术等多方面的内容。

数学书籍和算表包括《九九表》、《算经》、《立成算经》、《算书》等。多为残卷，存约2万字。《九九表》（S.4569、6167）从"九九八十一"到"一如一"共四十五句，与先秦典籍中三十六句的"古九九表"及宋代和西方普遍使用的八十一句"大九九表"均不同。《算经》（P.3349，S.19、5779）现存的内容包括序文、识位数、九九表、大数记法、度量衡制、九九自相乘数和总题为"均田法第一"的十道关于土地面积计算应用题。除应用题外，其余多与今本《孙子算经》契合，仅有小异。《立成算经》（S.930背）内容有识位法、度量衡制、金属比重、大数记法、九九歌和九九累加

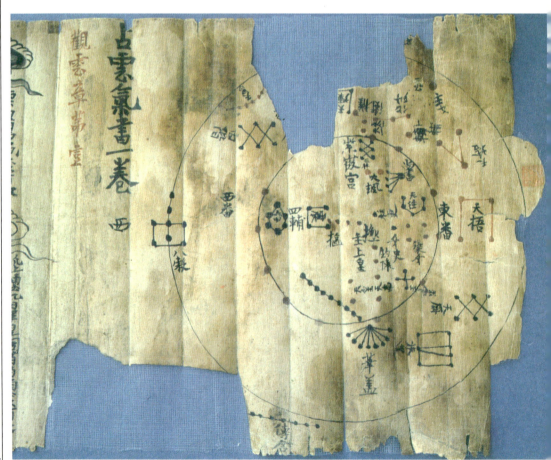

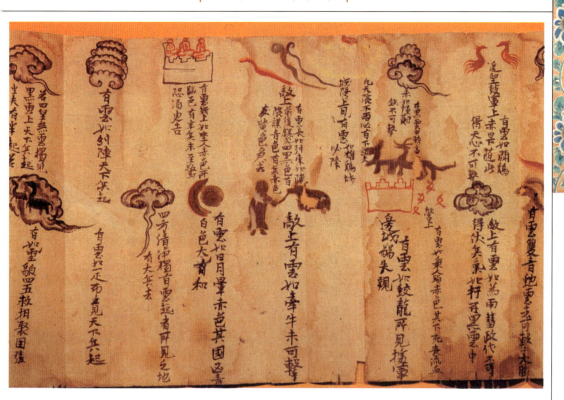

▲
2-4-2 　《占云气书》
唐
现藏敦煌市博物馆
此为残存的《观云章》、《占气章》两章，有彩绘的
云气图形。图的下面附有作为说明的占辞。前面是
紫微垣星图。

表。《算书》（P.2667）今存十三题，内
容均是关于四则运算应用问题，可与《孙
子算经》、《张丘建算经》、《五曹算
经》等传世算书相比证。敦煌算书数量虽
少，但内容丰富，水平较高，是中国也是
世界上迄今所见最古老的纸质算书，是研
究中国数学史的重要史料。

2-4-1 　《紫微垣星图》　　　　　◀
唐
现藏敦煌市博物馆
现存图高、宽各31厘米，其方位是上南、下北、左
西、右东，与同时代星图的方位不同，但同仰视星
空一致。图中星用红、黑二色标示，凡不属紫微宫
的星，虽离北极星较近，也略去不绘。反之，凡属
紫微宫的，虽离北极星较远均绘出。现存星名三十
二个，一百三十八星。据图中传舍、八谷、文昌等
星位置推测，此图的观测地点大概在西安、洛阳等
地，故此有可能是从中原传来敦煌的。

藏经洞保存的天文学资料有《石氏甘氏
巫咸氏三家星经》、《二十八宿次位经》、《全
天星图》、《紫微垣星图》等。《石氏甘
氏巫咸氏三家星经》（P.2512）约写于初
唐。合并著录先秦三大天文学家石申、甘
德、巫咸的星座和星占。文中说石氏星
"赤"，甘氏星"黑"，巫咸星"黄"。
其中石、甘二氏星分中、外官，巫咸星中
外官合并著录。《全天星图》（S.3326）

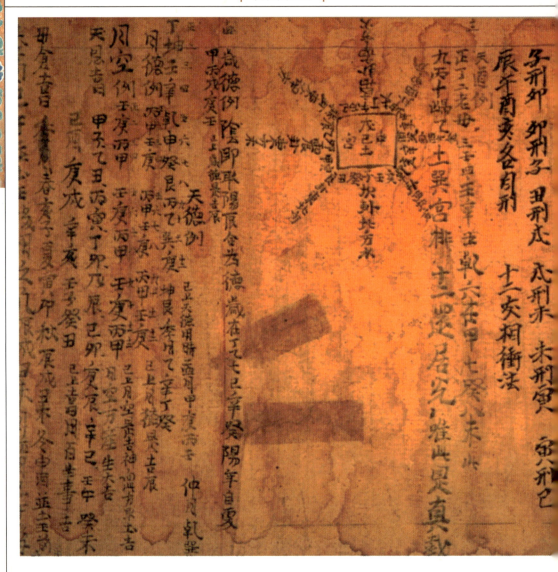

是现存世界上较古老、星数也较多的全天星图。图从十二月开始，按照每月太阳位置沿黄赤道带分十二段，将紫微垣以南诸星利用类似墨卡托圆柱投影★的方法画出，再把紫微垣画在以北极为中心的圆形平面投影图上。除紫微垣图外，每幅图后有说明文字。星点用四种颜色或形状表示：黑色、橙黄色、圆圈、外圆圈内橙黄点。这些天文学资料表明，中国天文学在当时已处于世界领先水平，对今天的天文学研究依然有重要的价值。

古代，天文和历法密不可分。敦煌历日大部分是由敦煌自己编制的。藏经洞所出的历书现知近50件。其中最早的一件是北魏《太平真君十一年、十二年历日》，最晚的是北宋《淳化四年癸巳岁具注历

研究中国古代的日月食理论和预报的精确程度意义重大。

藏经洞保存的医学类的文献，目前所知至少在60卷以上，如果再加上佛经中的医学内容，则有近百卷，有《伤寒杂病论》、《新集备急灸经》、《灸法图》、《玄感脉经》、《草本经集注》、《新修本草》、《唐人选方》等，大致可分为医经、针灸、本草、医方四类。这些医书虽然大都残缺不全，且被收藏者零星分散地单独编号，或杂于其他非医学文献之间，但年代久远，不仅为传世医书的校勘提供了较为古老的版本，同时还保存了一些久已失传的诊法、方药等鲜为人知的内容，对医学史研究及今日临床医学中均有一定参考价值。

藏经洞文献保存了公元4至11世纪连续不断的纸张样本，是研究造纸术的活材料。唐咸通九年（公元868年）《金刚般若波罗蜜经》，是现存最早的雕版印刷品，也是中国发明印刷术的实证。

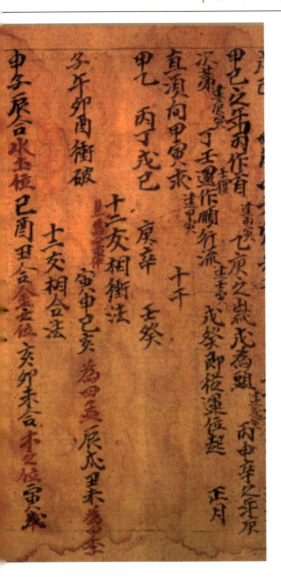

2-4-3 占卜书 ▲

日》（P.3507），前后跨544年。其中《宋雍熙三年丙戌岁具注历日并序》（P.3403）已引用了西方基督教的星期制。这些历日有丰富的科学、文化和民俗内容。如北魏太平真君十二年历日曾做过两次准确月食预报，是传世和出土历书中仅见，对

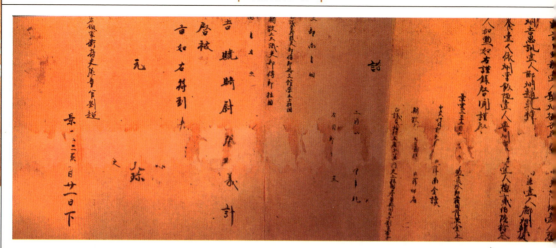

2—4—4 《张君义勋告》
唐
纵27.5厘米 横155厘米
现藏敦煌研究院
地头残缺，无界栏，共4纸50行。此卷除可藉以研
究唐代告身制度，还提供了同时受勋的263人的姓
名籍贯，反映了各族人民为巩固国家统一所作的贡
献。五万件敦煌遗书中，"勋告"只此一件，十分珍
贵。

 知识库

★墨卡托圆柱投影

圆柱投影的一种，又称正轴等角圆柱投
影。由荷兰地图学家墨卡托（G. Mercator）
于1569年创拟。其原理是设想一个与地轴方
向一致的圆柱切于或割于地球，按等角条件
将经纬网投影到圆柱面上，将圆柱面展为平
面后，得平面经纬线网。投影后经线是一组
竖直的等距离平行直线，纬线是垂直于经线
的一组平行直线。各相邻纬线间隔由赤道向
两极增大。一点上任何方向的长度比均相
等，即没有角度变形，而面积变形显著，随
远离标准纬线而增大。该投影具有等角航线
被表示成直线的特性，故广泛用于编制航海
图和航空图等。

2—4—5 《金刚般若波罗蜜经》
唐
现藏英国伦敦图书馆
唐咸通九年（公元868年）印。卷首刻印说经图，图
后为经文。是现存最早的雕版印刷品。

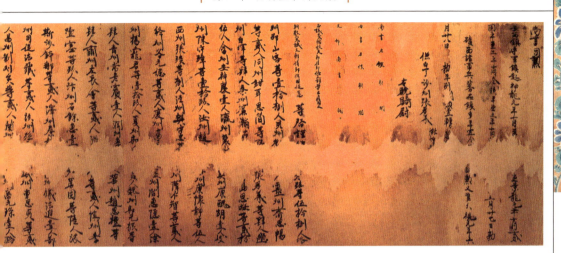

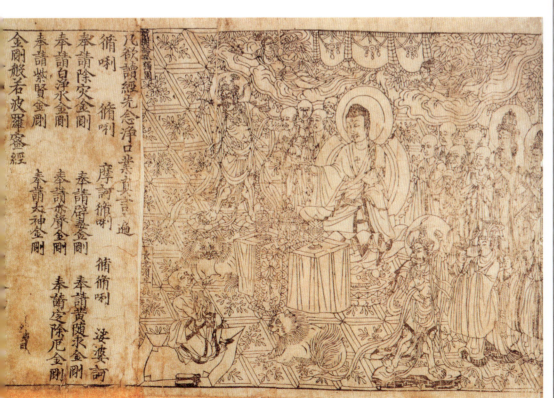

5·为什么藏经洞的古典文学引人瞩目？

藏经洞文献中保存的古典文学资料最为引人瞩目。发现的文学作品有儒家经典、诗、曲词、文赋、传记、变文、讲经文、因缘、因缘记、话本、诗话、词文、小说、故事赋、邈真赞、佛曲、押座文、解座文、偈、颂、赞等体或附体，以及表、疏、书、启、状、牒、论、说、文、录、箴、杂记、书仪、题跋、祭文、行状中文学色彩较明显的作品。对它们可从不同角度进行归类，如雅文学和俗文学、纯文学和"治实"文学、乡土文学和外地文学、宗教文学和世俗文学等。

藏经洞中的儒家经典文献包括《诗经》、《尚书》、《论语》等，最具学术价值的是它对今本儒学典籍的校勘价值。其中，《诗经》均是残卷，基本上都是当时学童所用课本，其中有注的均为《毛诗故训传》与《毛诗正义》，此外均为单行经文。发现的南朝徐邈《毛诗音》也为诗经研究者所重视。《古文尚书》在唐天宝三年（公元744年）卫包奉诏改古文为今文，以通行的楷书写定后，原本便逐渐失传。藏经洞发现的多件《古文尚书》中有一卷尾署"天宝二年八月十七日写了也"，是改古文为今文的前一年写本，是今日所见到的最早的版本，异常珍贵。东汉郑玄所著《论语郑氏注》在南北朝时期盛行于北方地区，隋唐统一南北经学，已不入唐代朝廷官修的注疏，五代后逐渐佚失，敦煌本的重现是失而复得的可贵资料。

藏经洞所出诗歌以唐、五代时期数量

2-5-1 《王梵志诗集并序》 ▶

最多。有《恋情杂咏》、《敦煌廿咏》、《题隐士咏》、《香严和尚嗟世三伤吟》、《写经杂咏》、《秦妇吟》、《怨歌行》、《咏物诗》、《李峤杂咏注》等诗歌合集或单首诗。其中最著名的是唐代诗人韦庄的《秦妇吟》，全诗七言二百三十八句，共一千六百六十六字，在唐诗中堪称鸿篇巨制。全诗假托一位被黄巢军俘虏的妇女的自述，叙述黄巢军攻入长安前后的情景。诗人将史笔与诗情融于一气呵成的诗句之中，展现了黄巢军占领长安等重要的历史史实，从而较真实地反映了晚唐时期的社会风貌。如此巨作在韦庄的《浣花集》及后人所编《全唐诗》均未收

2-5-2 《说苑·反质》
唐
纵28.4厘米 横382厘米
现藏敦煌研究院
《说苑》是汉代刘向撰的杂事小说集。今传20卷本，其中《反质》一篇于宋末自高丽本中补入，后来抄刻诸本均本于此。此卷首残尾存，存184行，尾题"说苑反质第廿"，为唐初写本，应较宋、明抄刻之高丽本更接近刘向原著，是《说苑》传世最早的唐写孤本。

录，以致失传近千年。

变文是敦煌文学中最引人注目的一部分。所谓变文，是一种结合了韵文和散文用于说唱的通俗文学体裁。变文作为一种文学体裁，过去竟不为世人所知，幸赖敦煌变文的发现，才使这一文体重见天日。藏经洞文献中有明确自名的变文有《大目

乾连冥间救母变文》、《太子成道变文》、《舜子变》、《张议潮变文》、《降魔变文》、《王昭君变文》、《汉将军变》、《伍子胥变文》、《张淮深变文》等，另有没有自名的变文，如《太子成道经》等。

话本是说唱故事的底本。隋唐时期把讲故事称为说话。说话的底稿或记录都可称为话本。宋人把说话以及影戏、杂剧、诸宫调、傀儡戏等的底本都称为话本。话本一般以叙说为主，很少或没有唱词。藏经洞发现的话本小说有《唐太宗入冥记》、《秋胡小说》、《韩擒虎话本》、《庐山远公话》等，其中《庐山远公话》是现存宋以前最长的话本，为后世白话小说的发展开拓了道路。

敦煌故事赋是古代辞赋通俗化的产物，以叙事为主，多用问答形式，大概来源于秦汉时期的杂赋，多用四言或六言句，韵脚较疏，大体整齐，语言通俗，是散文化倾向较重的作品，和文人赋有明显区别。例如，叙韩朋夫妇殉情的《韩朋赋》、叙晏子与梁王对答的《晏子赋》、叙燕雀争夺宅舍的《燕子赋》等。

唐宋时期，敦煌社会中上层人士，多在晚年或病危时请人画像、作赞，以为后人留下生前容貌德业，供子孙瞻仰祭奠。为此所作的赞即为邈真赞。邈真赞的形式结构，大抵分标题、序文、赞辞三部分。

标题祥书赞主所属朝代、职衔、名分、姓名；序文以散文记述赞主先祖名望，本人德业，因何而死，并略述生人的哀悼；赞辞以四言、五言或七言韵语，颂赞亡者。藏经洞所出邈真赞有90余件，对研究中唐至北宋时期敦煌历史、宗教、文学、民俗等均有重要价值。

敦煌押座文以"押座文"自名，如《八相押座文》、《三身押座文》、《维摩经押座文》等。"押座"义为弹压四座，起的作用相当于后世的开场白、引子。押座文是一种唱词，常为七言一句，编成四句述一事的一组。僧人在俗讲、说因缘，甚至在为居士进行八关斋戒时，为招徕世俗听众，常首先演唱之。全文篇幅不长，最终常以"经题名目唱将来"作结，以之与正式开讲相衔接。解座文是每天或某一经俗讲终了时的致语，为解散听众所用。内容常为催促听众此会后早归，下次早来，或索取布施，或略作调侃，形式多为七言句，篇幅不长。今所见此类卷子有《解座文汇钞》，《三身押座文》后四句等。

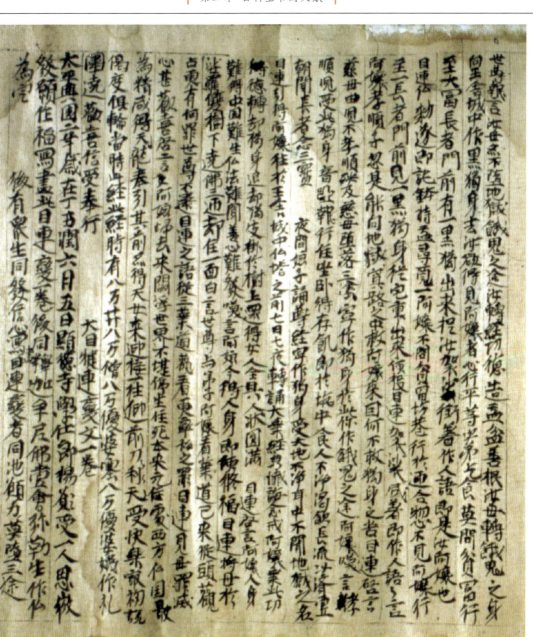

3-5-3 《大目犍连变文》 ▲

北宋

现藏中国国家图书馆

唐代变文。后有题记："太平兴国二年（公元977年）岁在丁丑润六月五日显德寺学仕郎杨愿受一人思微惟）发愿作福写尽此目连变一卷后同释迦牟尼佛壹会弥勒生作佛为定后有众生同发信心写尽目连变者同池（此）愿力莫堕三途"。故事源出《佛说盂兰盆经》，描写目连为救慈母遍访地狱，赴汤蹈火，百折不挠。

6·敦煌歌辞如何反映民间生活？

藏经洞所见唐五代时流传于西北地区的民间歌辞，曾有"敦煌曲子词"、"敦煌曲"、"俗曲"、"小曲"、"词"等名称，现一般统称为敦煌歌辞。歌辞托于曲调，倚声定辞，要具备体段、平仄、音韵三个条件，能配之管弦，发声歌唱。

敦煌歌辞有的还留有作者姓名，如温庭筠的《更漏长》，唐昭宗李晔的《菩萨蛮》，欧阳炯的《更漏长》、《菩萨蛮》，以及哥舒翰、岑参、沈宇、神会、法照等人的一些作品。除少数文人作品外，敦煌歌辞多数来自民间，作者渗透于社会的各个阶层，因此题材内容丰富，艺术风格多样，而且比较真切地反映了社会现实，抒发了下层人民的思想感情。

描写征战是敦煌歌辞的重要内容之一。一方面记录连年征伐给百姓生活造成苦难和灾难，如失调名一首："十四十五上战场，手执长枪，低头泪落悔吃粮，步步近刀枪。昨夜马惊辔断，惆怅无人遮拦。"另一方面又热情歌颂了边塞将士驰骋疆场的英雄气概和视死如归的无畏精神，如《剑器词》："丈夫气力全，一个拟当千。猛气冲心出，视死亦如眠。率率不离手，恒日在阵

2-6-1 青楼妓院
晚唐 莫高窟9窟 北壁 ◀

2-6-2　青楼妓院局部　　　　▲

前。譬如鹘打雁，左右悉皆穿。"《菩萨蛮》："敦煌自古出神将，感得诸蕃遥钦仰。效节望龙庭，麟台早有名。只恨隔蕃部，情悬难申吐，早晚灭狼蕃，一齐拜圣颜。"《定风波》："攻书学剑能几何？争如沙场骋喽啰。手持绿沉枪似铁，明月，龙泉三尺斩新磨。堪羡昔时军伍，谩夸儒士德能多。四塞忽闻狼烟起，问儒士，谁人敢去定风波。"

在敦煌歌辞中写得最好、最多的是描写男女爱情的作品，配合公私宴饮等娱乐场所中的流行燕乐歌唱。市民阶层喜欢谈论俗艳话题，因此，敦煌曲子词从一开始就显露出来的多言男女情爱相思的创作倾向。例如，"枕前发尽千般愿，要休且待青山烂。水面上秤锤浮，直待黄河彻底枯"，表现出女子对海枯石烂心不变的爱情的向往和追求，表达直率，质朴动人。虽然以情爱为主题，但这类曲子却透露出被侮辱被损害女性的反抗心声。例如，《抛球乐》："珠泪纷纷湿罗绮，少年公子负恩多。当初姊妹分明道，莫把真心过于他。子细思量着，淡薄知闻解好么？"写一女子被玩弄、被抛弃的遭遇以及因此

2-6-3 山中行旅
五代 榆林窟19窟 西壁 ▲

带来的内心痛苦与事后的追悔。其感受之真、体味之切、语意之痛，惟有此中人才有这般诉说。《望江南》："天上月，遥望似一团银。夜久更阑风渐紧，为奴吹散月边云，照见负心人。"也是闺中怨歌，"多情女子负心汉"，是古代民间的一个常见性主题。这首词构思的新颖别致，增加了抒情的艺术表现力，体现出浓郁的民歌风韵。

敦煌歌辞中，还有一些作品反映商贾、旅客、雇工的命运，表现儒生穷愁潦倒、愤世疾俗的思想感情，描写渔夫、豪侠、僧徒、道士、五陵年少、磨面娘子等各类人物形象，以及颂马、颂剑、讥刺戏谑、抒情写景一类内容，题材丰富，语言通俗，大都充满民间生活气息。例如，反映游子在外生活的《长相思》："作客在江西，富贵世间稀。终日红楼上，□□舞著词。频频满酌醉如泥，轻轻更换金卮。尽日贪欢逐乐，此是富不归。作客在江西，寂寞自家知。尘土满面上，终日被人欺。朝朝立在市门西，风吹泪点双垂。遥望家乡长短，此是贫不归。作客在江西，得病卧毫厘。还往观消息，看看似别离。村人曳在道旁西，耶娘父母不知。身上缀牌书字，此是死不归。"抒情写景的《摊破浣溪沙》："五两竿头风欲平，长风举棹觉船行。柔橹不施停却棹，是船行。满眼风波多闪灼，看山恰似走来迎。子细看山山不动，是船行。"此外也有部分宣扬佛教义理的佛曲歌辞，如《散花乐》、《归去来》、《悉昙颂》等，多为点化众生、劝善行孝、六道轮回、因果报应等宗教说教，其中也偶有对社会贫富不均和民生疾苦的反映。

特别值得一说的是《云谣集杂曲子》。这个集子编选了30首作品，其中写妇女的二十六首，大多为闺怨、闺思、表达恋情之作，写男子相思的三首，写祝福皇帝的一首。这些作品语言质朴通俗，注重通过人物的肖像、心理及自然景物来刻画形象，抒发感情，是唐代民间歌辞的代表性作品。据内容推测，这些曲词当作于盛唐，时间上明显早于传世的《花间集》、《尊前集》，为研究词的起源、形式及内容，提供了宝贵的材料。

2-6-4 《云谣集杂曲子》之凤归云鹤 ▼

敦煌曲子词名作之一，描写闺中少妇思念远征的丈夫内容。从字迹看，似出自一稚童之手，行书体中存隶书之余韵，朴拙的笔法中显出几分拘谨，表现出一股忧伤、怨恨之气，展示内容与形式的较完美的结合。

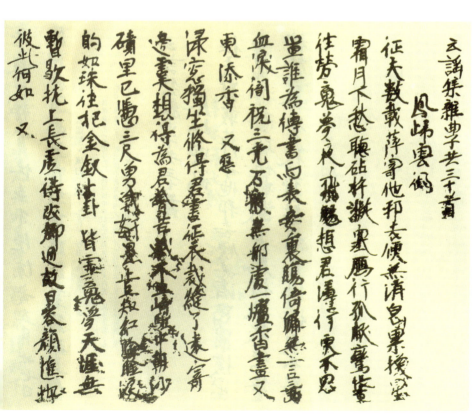

7·为什么说藏经洞文献是语言学的宝库？

敦煌文献中保存了大量的汉语资料，特别是其中的一些语言学数据，如《玉篇》、《切韵》、《一切经音义》、《毛诗音》、《楚辞音》、《正名要录》、《字宝》、《俗务要名林》等，是研究汉语的重要资料。除大量汉语资料，藏经洞中还有相当数量的非汉文文献，如古藏文、回鹘文、于阗语、粟特语、突厥文等。

古藏文是吐蕃人书写所用的文字。吐蕃是7～9世纪古代藏族及其政权的名称。现存吐蕃藏文文献大都成于8～9世纪，与今天

2-7-1 古藏文《无量寿宗要经》 ▼
中唐
纵31厘米 横180厘米
现藏敦煌研究院
《无量寿宗要经》又称《大乘无量寿经》、《佛说无量寿宗要经》等。已知敦煌遗书中存此经卷者古藏文译本1899件，分藏于英、法、俄、日及中国。

的藏文在字形、拼写结构和所反映的语音面貌方面差异较大。用古藏文书写的文献内容很丰富，数量很多。出自藏经洞的古藏文写卷，被斯坦因、伯希和劫走的部分，总数就在五千件以上。这些古藏文文献对研究藏族古代社会、政治、军事、经济、历史、宗教、文化、语言等都是极其珍贵的可靠资料。

回鹘文是回鹘西迁（公元840年）后至14世纪左右所使用的主要文字。来源于中亚粟特文。历史上回鹘文曾对周围民族的文化发展产生过很大的影响。元代回鹘文为蒙古族所采用，经过若干变化后，形成为蒙古文。16世纪后，满族又从蒙古族那里接受了这种文字，形成满文。藏经洞出土的回鹘语文献几乎都流落到了国外。内容有世俗文书、宗教文献、诗歌、杂记等。

于阗语是新疆和田地区古代民族所用的语言。语言分早、中、晚三期。早期于

2-7-2　回鹘文写本　▲
唐
纵 16 厘米　横 25 厘米
现藏敦煌研究院
回鹘文为回鹘西迁（公元 840 年）后至 14 世纪左右所使用的主要文字，来源于中亚粟特文，其语言属阿尔泰语系突厥语族中的东支。敦煌回鹘语文献，多流落到国外，只有数件留存国内，更显珍贵。

阗语流行于 5、6 世纪，主要见于和田地区发现的一些梵文佛典的译本；中期于阗语流行于 7、8 世纪，主要见于和田地区出土的佛典和世俗文书；晚期于阗语主要见于敦煌藏经洞出土写本。藏经洞于阗语写本部分是在和田地区写好后带到沙州的，另有部分出自在沙州生活的于阗使臣或僧俗民

众。由于沙州归义军与于阗王室有着通婚关系，两地交往密切，因此敦煌积累了一大批于阗语文献。内容包括佛教典籍、医药文献、文学作品、使臣报告、地理文书、公私帐历、双语词表、习字或字母表等，是研究于阗历史和文化，于阗与敦煌交往以及西北各民族变迁的重要史料。

　　粟特语是中亚泽拉夫珊河流域的粟特地区民众使用的语言。自两汉以来，就有大批粟特胡商东来。粟特人在经商之外，把中亚、西亚的宗教、语言、文化带到了敦煌。藏

2-7-3　汉藏对照佛学字书
唐
现藏法国
藏经洞发现的汉藏对照佛学字书共七页，每页二十
至二十二行。先写汉文，下写对应的藏文，均作横
书，每组词汇之间用线分隔，十分清楚。这是研究
吐蕃佛教和汉藏关系的重要参考文献。

经洞出土的一大批粟特语写卷主要部分是译自汉文的一些佛典，如《金刚般若经》、《维摩诘所说经》、《善恶因果经》、《法王经》等，也有摩尼教文献残卷、波斯史诗、医药文献和世俗文书等，是研究敦煌地区各民族文化汇聚和中西交通史的重要材料，也是研究粟特人、粟特语的基本

资料。

突厥文是7～10世纪突厥、回鹘、黠戛斯等族使用的拼音文字。通行于鄂尔浑河流域、叶尼塞河流域以及今中国新疆、甘肃境内的一些地方。突厥文各种文献中所用字母数目不一，形体多样，一般认为有38～40个。藏经洞出土的突厥文文献有格言残篇、占卜书、军事文书等。

藏经洞中发现的民族语言文献种类多内容丰富，堪称研究中世纪多民族语言文字的宝库，对研究古代西域中亚历史和中西文化交流有不可估量的作用。

2-7-4　于阗文《于阗国王与曹元忠书》　　▶

北宋

现藏法国

共八十一行。是公元970年于阗王尉迟输罗致其舅沙州归义军节度使曹元忠的于阗文信函正本。讲述他率军进攻疏勒穆斯林黑韩王朝获胜，并说到向沙州和中原进贡的事。文末大书汉字"敕"，并钤有汉文"书诏新铸之印"九方。

2-7-5　粟特文《善恶因果经》　　（见60页图）

北宋

现藏法国

共五百多行，完本。译自汉文《佛说善恶因果经》，原本末尾用汉字写"善恶因果经"之名，又有"曹金泰经壹"字样。

2-7-6　西夏文图文对照本《观音经》　　▼

8·藏经洞出土的舞谱能解读吗?

敦煌藏经洞保存了一些音乐、舞蹈数据,如琴谱、乐谱、曲谱、舞谱等,这不仅使我们能够恢复唐代音乐与舞蹈的本来面目,而且将进一步推动中国音乐史、舞蹈史的研究。

1925年刘半农在巴黎图书馆及伦敦博物馆抄录了一些记录舞蹈的残卷,编入《敦煌掇琐》时,拟名为"舞谱",此后中外学者一直沿用。敦煌舞谱中有许多关于唐、五代时期的舞曲名、动作、节奏的字谱。目前学术界已从舞谱残卷中初步整理出八部,分别为《遐方远》、《南歌子》、《南乡子》、《双燕子》、《浣溪纱》、《凤归云》,佚名舞谱一部及近期发现的《荷叶杯》。

敦煌舞谱残卷大致由曲名、词序、字组三部分组成,各谱二、四、六、八段不等,每段十、十一、十二、十四、十六字不等。

对字组作舞蹈性的解释,弄清它们所表示的舞蹈动作及姿态,是了解这些舞谱

的关键。虽然目前尚未有定论,但中外学者关于这一课题作了大量的探索性研究,力图揭开敦煌舞谱之谜。如中国早期的敦煌学研究者罗庸、叶玉华曾提出:敦煌舞谱残卷系唐人筵席间自娱兼礼仪性的"打令"舞谱。新发现的《上酒曲子南歌子》

2-8-1 敦煌壁画上刚劲有力的腰鼓舞 ▼

敦煌舞谱组成表

曲名	每份舞谱前的标题,所标曲名均为唐、五代流行的曲舞名称。
词序	曲名后简练的提示性文字,用以说明舞曲、舞蹈动作的节奏、舞姿变换、衔接及起舞、停止等。
字组	一组代表某些舞蹈动作的术语,如令、送、舞、按、据、摇、奇、头、约、拽等。

进一步证实了这一论点。唐人在酒席间常以打令为规则进行歌舞游戏。酒宴俗舞应有较固定的程序，令即是这种舞蹈开始的动作。在唐、五代的敦煌壁画中有许多宴饮时的俗舞场面，反映的很可能就是唐、五代筵席间的"打令舞"。但至于这些舞姿究竟是《敦煌舞谱》残卷"字组"中哪个字所代表的动作，尚待进一步研究。

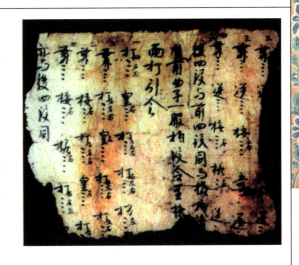

2-8-2　敦煌舞谱残卷 ▲
残卷中有"令"、"送"、"摇"等很少的谱字，它们是用来记录舞蹈的动作和结构的。

敦煌舞谱字组及涵义试释表

字组名称	大致涵义
令	意为发号施令。敦煌舞谱多以令字起头，表明是唐代打令舞的舞谱。
头	头部动作。几乎所有的头字均出现在各谱最后一段字组中，说明每一舞末才有头的动作。或可解释为低头饮酒或作移颈动头的舞蹈动作。
挼	推、挼、挪之意。舞谱中的"挼"可能是"挼酒"动作的简写。
拽	可能是双足交替而行的一种轻盈舞步。
舞	指手及臂的舞蹈动作。
摇	可能是手或头部的摇动，同时伴以身躯与腿部的摇晃摆动，用优美的舞蹈化动作来表示推却。
送	送酒并劝饮的舞蹈动作。舞谱中的送可能表示一套送酒劝饮的舞蹈程序。
据	可能是"拮据"的简称，为表手、口、足的协调动作。
揞	可能是打令舞中抛掷酒杯的动作。或释作"揖"字，可能为谢酒动作。
与	可能是表示两行舞队的舞人，双双牵手对舞的舞蹈动作。
请	可能是表示礼节的舞蹈动作。
约	有约请的含义。
奇	原写作畸，可作单数解。

9·藏经洞出土的曲谱是音乐天书吗？

藏经洞发现的大批卷子中，有一卷《仁王护国般若波罗蜜多经》变文。此文为五代后唐明宗长兴四年（公元933年）的手抄本。此卷的背面用古代谱字记写了一批乐曲，被称为《敦煌曲谱》或《敦煌卷子谱》。它不仅是现存最早的整套工尺 ★ 体系的谱子，而且篇幅较长，内容丰富，其艺术价值和历史价值都不言而喻。

全谱用"一乚ク⊥工ス七八几十匕マフ
てノムレヤ"等谱字，及几个可能是节拍及演奏手法符号记写。不少学者认为是琵琶谱，也有人认为是管色谱。值得庆幸的是，在另外的两幅敦煌卷子中，尚分别写有《浣溪沙》乐曲片段和"二十谱字"。在"二十谱字"旁边所附的"散打四声"、"小指四声"等术语，可验证敦煌卷子谱应为琵琶谱。

全书共有分段曲谱25首，每段曲谱冠有词牌性小标题：计有《品弄》、《弄》、《倾杯乐》、《又慢曲子》、《又曲子》、《急曲子》、《又曲子》、《又慢曲子》、《急曲子》、《又慢曲子》、《倾杯乐》、《又慢曲子西江乐》、《又慢曲子》、《慢曲子心事子》、《又慢曲子伊州》、《又急曲子》、《水鼓子》、《急胡相问》、《长

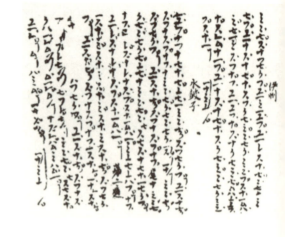

2-9-1　敦煌曲谱：《伊州》、《水鼓子》▲

2-9-2　敦煌曲谱：《又慢曲子》、《又曲子》、《急曲子》、《又曲子》▲

2-9-3　敦煌曲谱：《慢曲子心事子》、《又慢曲子伊州》、《又急曲子》▲

沙女引》、《撒金砂》、《营富》、《伊州》、《水鼓子》，另外还有两首曲名已不可考。其中的《又曲子》、《慢曲子》、《急曲子》等，似为曲式或段落的名称，而非曲名。按手抄笔迹，全谱可分为三部分。第一部分为1～10曲，第二部分为11～20曲，第三部分为21～25曲。对此谱的体式，有人认为是联曲体的唐代大曲谱；有人认为是单曲体的唐代歌曲——"曲子"的伴奏谱，也有人认为是唐代舞蹈的伴奏谱。

自20世纪30年代以来，一些中外学者对敦煌曲谱进行了多方面的研究，并试图通过解读，将其译为现代曲谱。但由于曲谱采用的是宋人称之为"燕乐半字谱"的乐谱记谱，故对曲谱的研究尚无一致的看法，因而被人称为"音乐天书"。但数十年来，对敦煌曲谱的研究从来没有终断过。日本学者林谦三从20世纪30年代就开始探索，并于50年代和60年代发表了论文《敦煌琵琶谱的解读研究》与《敦煌琵琶谱的解读》，提出了《敦煌曲谱》是琵琶谱，并提出了其中二十五曲分三组不同定弦的见解。50年代中国的词曲专家任二北先生发表了《敦煌曲初探》，认为唐之俗歌绝非一字一音、一句一拍，并提出了曲谱中有拍眼符号的看法。此外尚有杨荫浏、饶宗颐、张世彬也提出了自己的主张。

1981年12月，著名的古谱学家叶栋公布了《敦煌曲谱研究》一文，播放了根据其解译的13首《敦煌曲谱》译谱进行的琵琶演奏和演唱录音。此后叶栋先生又陆续破译了其它余下的12首曲子。1982年上海音乐学院民乐队首演了其解译的《敦煌曲谱》民乐合奏，在国内外引起强烈反响。其后一批国内研究者异军突起，有陈应时、何昌林、关也维、席臻贯等，相继发表了他们自己的译谱，同时也引起了不同的争议。

知识库

★工尺

中国民间传统记谱法之一。因用工、尺等字记写唱名而得名。工尺谱最初可能是由管乐器的指法符号演化而成，由于它流传的时期、地区、乐种不同，因而所用音字、字体、宫音位置、唱名法等各有差异。近代常见的工尺谱，一般用合、四、一、上、尺、工、凡、六、五、乙等字样作为表示音高（同时也是唱名）的基本符号，对应简谱的低音5、低音6、低音7、1、2、3、4、5、6、7。它与许多重要的民族乐器的指法和宫调系统紧密联系，在民间的歌曲、曲艺、戏曲、器乐中应用很广泛。

第三章 盛世的绘画

1·藏经洞绘画现存何方?

敦煌藏经洞发现的文物中,有大量7～10世纪的绘画作品,一般统称为"敦煌遗画"或"敦煌画"。因其在制作后不久即被密封保存,因而与长年累月裸露而变色、褪色的石窟壁画相比,大部分保持了当初鲜艳的色泽,一经发现,就引起了极大的轰动。但这些绘画作品在20世纪初基本上都被斯坦因、伯希和等外国探险家所攫取。

据统计,斯坦因攫取的绢画有520余件,纸画70余件,现分别藏于英国大英博物馆和印度新德里国立博物馆;伯希和攫取的绢画有232件,纸画140余件,现藏于法国吉美博物馆。此外,奥登堡攫取了100多件,藏于俄罗斯圣彼得堡艾米尔塔什博物馆;日本大谷探险队攫取了数十件。加上国内外散存者,敦煌遗画总数在1100件以上。

敦煌遗画的画幅有大有小。大者如S.35千手千眼观世音菩萨图,为222.5×167厘米,长者如P.70延寿命菩萨图,为750×59厘米,小者仅数厘米见方。内容主要是佛教题材,另有少数景教及世俗等内容。表现世俗内容的遗画数量虽少,但很有特色。有些题材与壁画相同,但表现得并不完全一样。艺术手法有的与壁画相似,有的则与壁画有较大不同。由于封闭于藏经洞中几百年之久,色彩、线描等有许多保存得较好,有的甚至色彩如新,这在壁画中不易看到。

3-1-1 四观音文殊普贤图 ◀

唐

绢画 纵140.7厘米 横97厘米

现藏英国博物馆

画面分上、中、下三部分。上部并排四尊观音立像,自右至左依次为:"大悲救苦观世音菩萨"、"大圣救苦观世音菩萨"、"大悲十一面观音菩萨"、"大圣而(如)意轮菩萨"。均立于莲花座上,衣着具有印度风格。中部右侧为骑狮文殊像,左侧为骑白象普贤像,有昆仑奴牵控。下部为供养人画像和题记。残存题记可知此画成于唐咸通五年(公元864年),为敦煌唐姓家族所作供养。此图画法工细,色彩丰富,为敦煌绢画精品。

3-1-2　四观音文殊普贤图局部　▲

这些精美的绘画作品是敦煌艺术的重要组成部分，也是研究佛教艺术史和中国绘画史的重要资料。藏经洞遗画自发现以来，已引起了广泛的关注。20世纪三四十年代以来，先后有不少学者对它们进行了整理和研究。著名的有英国的魏礼、韦陀，日本的秋山光和、法国的吉埃等。例如，英国人魏礼编有《斯坦因敦煌所获绘画品目录》一书。书中著录500余件收藏于英国大英博物馆和印度新德里国立博物馆的藏经洞遗画，对每件绘画作品的内容作了详细的记录，并抄录上面的汉文题记且译成英文，还简单记录画作的颜色、质地、大小以及研究文献出处，是研究敦煌纸绢画的

重要工具书。书中著录的藏于英国大英博物馆的部分，韦陀在《西域美术》一书中又重新进行整理研究。相信随着对敦煌遗画更为广泛的研究，人们对其价值的认识将越来越深入。

3-1-3　莲华部八尊曼荼罗　▶
唐
绢画　纵89.6厘米　横60厘米
现藏法国吉美博物馆
中央绘观世音菩萨，周围分别围绕大势至菩萨、毗俱胝观音、耶输陀罗观音、不空羂索观音、马头观音、多罗观音、一髻罗刹观音，内容为胎藏界曼荼罗观音部诸尊，与《大日经·秘密曼荼罗品》中的"莲华部别坛"诸尊相类同。此画造型精准，线条流畅，表现出极强的绘画功力。

2·藏经洞绘画用什么材质?

敦煌遗画在形式、材质、用途和效果上各不相同,其中大部分属于佛教类绘画,当时主要是作为佛前的供奉品。它们种类繁多,内容丰富,风格多样。从绘画的材质上分,主要有绢画、纸画、麻布画三大类。

绢画是绘于绢上的画作。绢是一种厚实而稀疏的丝织物,质地较细腻,用其作画绘制精细,色彩鲜明,是保存古代绘画的重要载体。在中国绘画史上,绢画的出现早于纸画,且历代均有承袭。著名的摹本东晋顾恺之《列女仁智图》、隋代展子虔《游春图》、唐代阎立本《步辇图》等均为绢本。藏经洞发现的绢画数量最多,约占60%以上。

纸画即绘于纸上的画作。纸用植物纤维制成,至迟到西汉时已发明了以麻纤维造纸,东汉人蔡伦总结前代造纸经验,扩

3-2-1 阿弥陀净土图 ◀
唐
绢画 纵53.8厘米
横54.5厘米
现藏法国吉美博物馆
此图画面残损,菩提树天盖下,主尊居中,左右二身观音菩萨,戴化佛冠,表现的是树下说法的阿弥陀佛净土图,右胁下残存头饰宝瓶的势至菩萨。画面意境恬淡,主尊庄严静穆,菩萨丰润俊美,沉浸在神思退想之中。人物形象概括简练,造型写实,朱红线描轻快流畅。是藏经洞绢画中时代较早的一幅。

3-2-2　香炉狮子凤凰图 ▲
唐
麻布画　纵75厘米　横92.5厘米
现藏法国吉美博物馆
画面左右对称，上部绘双凤鸟，立于红色八瓣花上，展翼扬尾，口衔花枝。下部中间是莲台香炉，两侧配狮子，右侧张口为阿形狮子，左侧闭口为吽形狮子。外缘为花纹边饰。整幅画面，构图简练，用笔娴熟。其用途可能是供桌上的敷布，或堂内的壁挂。

大了造纸原料，改进了造纸技术，纸的使用才逐渐普及。在中国绘画史上，早期纸本绘画出土或传世稀少，所知唐韩滉《五牛图》应属最早纸本画。宋元以后则盛行于世，有大量佳作涌现。藏经洞发现的纸画也较多，约占20％，主要散存于佛教典籍中。

麻布画即是绘于麻布的画作。麻布是以亚麻、苎麻、黄麻、剑麻、蕉麻等各种麻类植物纤维制成的一种布料。藏经洞发现的麻布画约占总数的18％。

在绢画和麻布画中以具有三角形幡头的绘画幡数量最多。幡是佛教供具及帝王仪仗物。幡头为三角形，幡身由数块丝织物连缀成长条，幡尾呈燕尾形，一般置于佛像华盖的两侧，或帝王出行队伍中，悬挂

于竿上，以示庄严和威德。唐代以后，佛徒祈福、发愿，多以此为献佛供品，悬挂于寺庙和石窟寺中佛像的两侧。

此外，藏经洞中还有其他一些具有"准绘画"性质的作品，如刺绣、绘在纸上的护符、粉本★、供仪式用的纸质宝冠等，还有木板印刷的尊像画和装饰经典的图案纹样，有的还加上了精巧的手工彩绘。

刺绣俗称"绣花"，古代称"黹"、"针黹"。后因刺绣多为妇女所作，故又名"女红"。它是以绣

3-2-3 水月观音像 ◄
唐末至五代
纸画 纵53.3厘米 横37.2厘米
现藏法国吉美博物馆
图中观音菩萨坐于莲池岩石上，右足踏红莲，左足放右腿上，双手抱膝游戏坐。神情恬淡闲适，悠然自得，身后是修竹、棕等南方植物，表现的是于南海普陀落迦山的水月观音形象。

针引丝、绒等彩线，按设计的花样，在丝绸、布帛上刺缀运针，构成各种优美的图案或文字，是中国优秀的民族传统工艺之一。藏经洞出土有多件绣画，如刺绣立佛像，采用满地绣法绣成，画面较完整，造型饱满，配色和谐，色彩鲜艳浓丽，绣工精湛，是一件绣画精品。中国刺绣工艺历史悠久，但早期绣品传世极少，此像对研究刺绣工艺发展史具有重要价值。

3-2-4 菩萨像幡 ◄
唐
绢画 纵71厘米 横17.4厘米
现藏法国吉美博物馆
菩萨侧身面右，双手抱腹立于莲花座上。头束髻，戴宝冠，白色冠缯长垂，饰璎珞项钏，身披天衣，容颜秀丽，雍容大度，安静慈祥。画面线条娴熟，色泽鲜润，为唐代绢画精品。

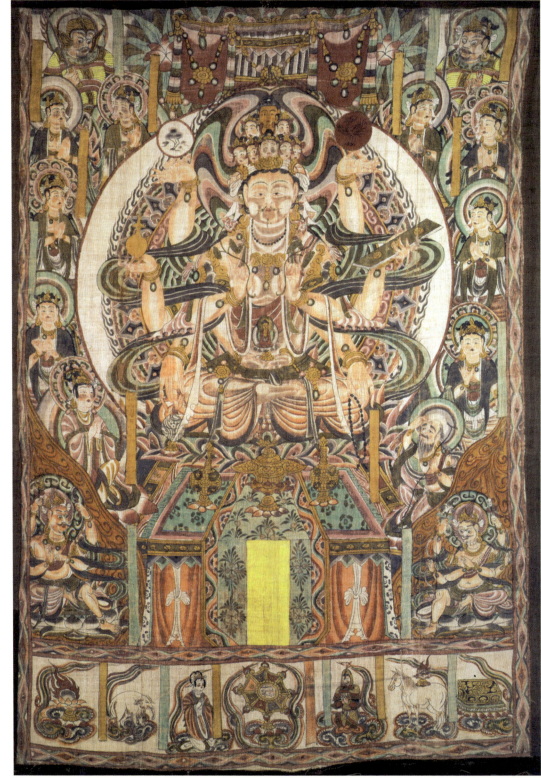

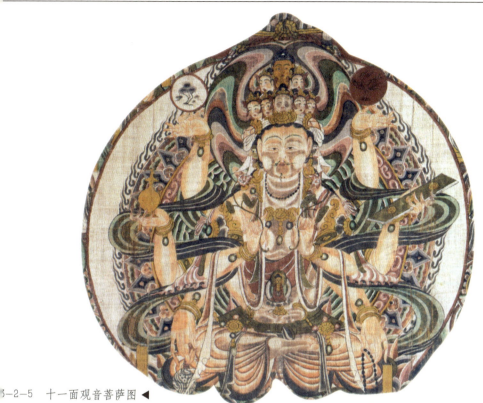

3-2-5　十一面观音菩萨图 ◀

五代至北宋

麻布画　　纵142.5厘米　横98.8厘米

现藏法国吉美博物馆

据唐不空译《十一面观音经》绘制，为密宗观音画像。观音结跏趺坐于莲花座上，十一面八臂，正面菩萨面，双耳侧瞋怒面，头上菩萨面七，顶上佛面，八臂持物，左右真手持莲花，其余为日轮、月轮、水瓶、梵夹、香瓶、念珠。腹前阿弥陀佛像。周围菩萨、明王环绕，下部是佛教的七宝图，是古印度传说中的转轮王七宝，从左至右为：珠宝、象宝、女宝、轮宝、主兵宝、马宝、藏宝。

3-2-6　行道天王像幡家　　（图见112页）

五代至北宋

绢画　　纵86厘米　横57厘米

现藏法国吉美博物馆

表现行道毗沙门天王乘云出巡，戴宝冠，着铠甲，左手托莲花宝塔，右手持戟，上系五色彩幡，随行吉祥天女、毗沙门天的天子、象头毗那夜迦、猪头天以及相貌丑陋的三夜叉恶鬼。画面色彩华丽，以天王肩上飘动的火焰和足下飞动的流云，来增添巡游的动势。

3-2-7　刺绣立佛像　　（见113页图）

唐

纵11厘米　横6.6厘米

现藏英国博物馆

佛一手持钵，一手提袈裟，造型饱满。

　　知识库

★粉本

画稿的别称。据清代方薰所记："画稿谓粉本者，古人于画稿上加描粉笔，用时扑入缣素，依粉痕落墨，故名之也。"指在墨线勾好底稿上，沿墨线刺小孔，其后覆在纸或者绢上用粉扑打，然后可依粉痕落墨。这是古代勾画稿子的一种方法。清代李修易在《小蓬莱阁画鉴》中所说："唐宋人作画，先立粉本，惨淡经营，定其位置，然后落墨。"

3·藏经洞绘画有哪些内容？

　　藏经洞遗画内容丰富。有尊像画，如佛、菩萨、弟子、天王、金刚等，小型窄长而有三角形幡头的绘画幡上多绘尊像形象；有故事画，如劳度叉斗圣变画卷等；有经变画，如西方净土变、药师变、报恩变、密教曼陀罗等；还有供养人画像、装饰图案、山水图案等。

　　在佛教绘画中，佛的说法图和说法像，以及各类菩萨、声闻、佛弟子、诸天护法神像等，被称作尊像画。它与佛教故事画、经变画相比，具有形式简约，内容单纯的特点。敦煌石窟中的尊像画，在洞窟的整体布局中，既独立成幅，又彼此关联呼应，与其他主题的壁画共同构成一个相对完整独立的佛国世界。使人步入其间，犹如走进佛国，"人佛交接，两得相见"，在潜移默化中，"动人心志"，唤起信众对理想与现世的企盼，从而实现佛教艺术的目的。藏经洞遗画中的尊像画应是信众为观像而画，用于礼拜、

3－3－1　树下说法图

唐

绢画　纵139厘米　横101.7厘米

现藏英国博物馆

全画色彩鲜艳而和谐，人物的额、鼻梁、颊、下巴等部位用白色晕染，以示高光，在同期的敦煌壁画中不多见。全画构图严谨，线描流畅，画法工细，是敦煌绢画中的精品。

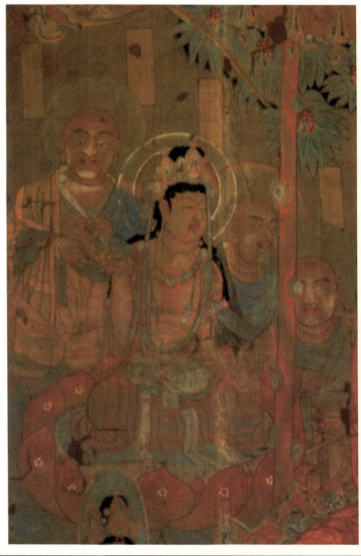

3-3-2 菩萨像
唐
绢画 纵81.5厘米 横26.3厘米
现藏英国博物馆
菩萨脚踏莲花，右手托琉璃碗，左手下垂结印，神
情庄严肃穆，具男性气慨，与常见的多呈女性化柔
美形象的唐代菩萨迥异。

供养等宗教仪式。藏经洞遗画中保存最好的《树下说法图》（Ch.liii.001）中，佛身穿通肩朱红袈裟，居中结跏趺坐于莲台上作说法印，左右各画一胁侍菩萨听法，戴化佛宝冠，裸上身，饰以璎珞环钏。菩萨后各有三比丘，绕佛而坐。菩萨下方各一供养菩萨，一执宝瓶，一捧莲花供养。佛顶上有珠缦流苏菩提宝盖，两侧各一飞天散花。画面下方左右各一供养人，左下身穿紧身窄袖衫，捧莲花，胡跪供养，右下仅存帽顶。佛座下有碑形愿文牌，菩萨、比丘旁都画有榜题牌，均无字。构图、华盖与佛座的装饰、敷色的方法，甚至画面左下角女供养人形象等，与敦煌石窟壁画中隋到初唐时期众多说法图具有相同的风格。

在佛教绘画中，故事画包括本行、本生、因缘三类。本行即佛传，是记述从释迦出生、成人、出家、苦修、悟道、说法乃至涅槃的种种事迹。本生梵语作Jataka，音译多伽，意为"本起"、"本缘"。讲述的是佛陀前生各种善行的故事。佛教认为，释迦在过去无数世，与众生相同，也处于六道轮回之中。他之所以能成佛道，是因其在无数轮回之世能坚定信念作舍身救世、施物济人的菩萨行以及坚持修行、精进求法的个人历炼，并修满"六度"★的缘故。本行、本生皆是佛教

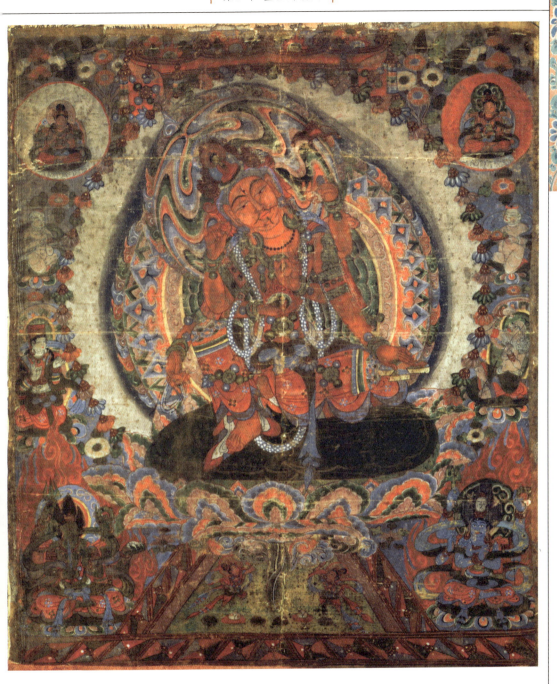

3-3-3 如意轮观音菩萨图
五代
绢画 纵71.5厘米 横60.7厘米
现藏法国吉美博物馆

据唐不空译《观自在如意轮菩萨瑜珈》绘制，为密宗观音像。画面中央观音舒坐水池涌出的莲花上，戴化佛宝冠，头微倾作"愍念相"，六臂分别按光明山、持莲华、持金宝、思惟相、捧如意宝、持羂索。周围环绕婆薮仙、功德天、明王像等。莫高窟自中唐以后多绘密教观音壁画，如意轮观音变相是主要题材。

出于神化佛陀的目的而创作出来的。因
缘，梵语作Nidana，音译尼陀那。即人
世事物形成的因由和机缘，指佛向大众讲
述生死轮回、因果业报的种种事例，以渡
化众生。藏经洞出土的本生故事画断片，
画面大都细致，设色均匀，有的一件上有
几幅画，具有连环画性质。每张画均有内
容题识，如"尔时太子于宫中与文武先生
讲论时"，"尔时太子出城东门观见老人
问因缘时"，"尔时太子出城南门见一病
人问因缘时"等。藏经洞出土的佛传故事

3-3-4 降魔成道图
五代
绢画 纵144.4厘米 横113厘米
现藏法国吉美博物馆
画面中央为天盖下结跏趺坐的释迦，手结降魔印，
上方立于云端的是三面八臂的三世明王，周围是姿
态各异的魔军恶鬼，有的在进攻佛陀，有的已被降
伏皈依。两边佛陀诸相，暗示佛的神通。下部绘白
象宝、玉女宝、兵宝、马宝等佛教七宝。此图表现
佛传中降魔成道的场面，色彩丰富，描绘细腻，布
局有序，是同时期较为少见的作品。

3-3-5 降魔成道图局部 ▲

画绘有别离、剃度、苦修、沐浴、降魔
成道等情节。

经变画是专指将某一部佛经的主要内容
或几部相关的佛经组成首尾完整、主次分
明的大画。在中国，至少自唐代以后，就
将按佛经改编成的讲唱文学叫做"变
文"，按佛经画的画叫做"变相"，亦叫
"变"、"经变"。"经变"一词，最
早见于完成于公元636年的《梁书》卷五
四，说梁武帝命人"图诸经变"，而画家
就是"一代冠绝"的张繇（或即画史上有
名的张僧繇）。敦煌莫高窟壁画中有经变
三十三种，持续时间长的有西方净土变、
东方药师变、弥勒经变、法华经变、维摩
诘经变，数量最多的是东方药师变。例
如，莫高窟156窟有榜题的"妙法莲华经
变"、"西方净土变"，莫高窟12窟有榜

3-3-7　报恩经变相图局部　▲

题的"法华变"、"报恩经变"、"维摩
居士变"等，而且都是首尾完整的大画。藏
经洞遗画中的经变画也较多。例如《父母恩
重经变相图》（Ch.lii.004，Ch.lxi.008）、
《法华经普门品变相图》（Ch.xxi.001）、《药
师净土变相图》（Ch.lii.003）、《维摩
诘经变相图》（Ch.00350）等。

3-3-6　报恩经变相图　◀
唐
绢画　纵177.6厘米　横121厘米
现藏英国博物馆
图依据《大方便佛报恩经》绘制。经文讲述释迦牟
尼过去若干世报效佛恩、君亲恩、众生恩故事。画
面以释迦佛说法图为中心，两旁环绕众多菩萨、弟
子、诸天，后有楼台、殿、阁，前有水榭雕栏。天
空有四方佛及眷属乘瑞云赴会，构图与壁画中净土
变类同。画面右侧是孝养品之须阇提太子本生故事
画；左侧是论议品中之鹿母夫人故事和恶友品之善
友太子入海与弟恶友的故事。这些故事画以反映忠
孝思想，报效君亲恩为主题，深受汉族传统的儒家
伦理道德观念影响。

知识库

★六度

指六种从生死此岸到达涅槃彼岸的方法
或途径，是大乘佛教修习的主要内容。包括
布施、持戒、忍、精进、定和智慧。布施就
是施舍和给予。持戒就是要持守具德或良善
的行为。忍就是在面临嗔怒或侮辱时，仍然
能保持慈悲心。精进就是应该做的事情要精
勤努力去做。定就是排除杂念，锻练意志，
一心利益众生。智慧就是广泛研习世间一切
学问和技术。

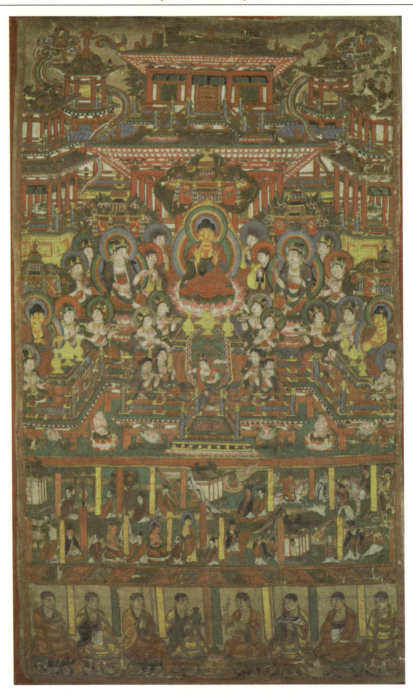

3-3-8　观无量寿经变相图　　▲　　▶

唐末五代初

绢画　纵141厘米　横84.2厘米

现藏法国吉美博物馆

在巍峨的大殿前，阿弥陀佛结跏趺坐于莲花座上说

法，周围诸佛、菩萨环绕听法，前方平台上伎乐奏乐起舞，水池中化生童子跪于莲花上，双手合什礼敬。说法图下部是阿阇世王子"未生怨"和韦提希夫人"十六观"故事画，最下部是八身供养僧侣像。此画构图饱满严谨，色彩艳丽，保存完好如新。

3-3-9　观音经变相图
北宋
绢画　纵84.1厘米　横61.2厘米
现藏法国吉美博物馆
据《法华经·观音菩萨普门品》绘制。观音
立于莲花上，戴宝珠冠，披红巾，着红裙，珠
宝璎珞满身，左手持净水瓶，右手持莲花，两
侧是观音救苦救难画面，有坠崖难、火坑变
成池、被人推坠难、蛇蝮兽难，旁有榜题牌
抄录救难经文。下部是阴愿昌和比丘尼信清
供养像。

3-3-10　观无量寿经变相图局部　◀　▼
此图为藏于法国吉美博物馆的观无量寿经
变相图局部。上部绘"未生怨"和"十六观"
故事画，下部为供养僧侣像。

4 · 藏经洞绘画有哪些技法？

藏经洞遗画采用了多种绘画技法，有设色、线描、白描、雕版等。其中，绢画和麻布画多为彩绘，极少白描。纸画有设色本、白描本、版画、粉本，尤以白描为多，亦有少量彩绘和彩色版画。

设色是运用各种颜色来表现物体。按照颜色的配合有重彩、浅绛、青绿、金碧等。中国画的设色是以表现物象的固有色为主旨，而较少考虑光源色或者环境色对物象颜色的影响。南北朝时的谢赫在《古画品录》中提出"随类赋彩"的设色原则。南朝的宗炳在《画山水序》中提出"以色貌色"的设色理念，意思是以施于画面的彩色来表现画家感受到的客观物体的固有色。中国画非常重视设色，所以古代把图画叫做"丹青"。丹是朱砂，青是蓝靛，都是绘画上常用的颜色。设色是古代画家必须掌握的基本技法，所以谢赫把"随类赋彩"列为"六法"之一。宋代以

3-4-1　普贤菩萨像幡　▶
唐
绢画　纵57厘米　横18.5厘米
现藏英国博物馆
此幡首、尾皆失，仅存画像部分。绢地浅褐色，普贤乘白象，戴三珠冠，顶悬华盖，衣红色僧祇支，披纱帛，穿紫色裙袍，作与愿印，形貌端庄丰腴。与榆林窟第25窟菩萨像近似。敷彩淡雅，以线描为主，并渲染出凹凸效果。

前的山水画对设色都是十分讲究的，后世设色画不拘泥于表现固有色，而可以有所夸张，如金碧山水、朱砂画竹等，主要是以对绘画的理解为原则而运用设色技法。文人画★兴起后，提倡"意足不求颜色似"，不苛求设色。藏经洞遗画多为设色作品。部分设色浓艳，部分敷彩淡雅，浓淡两相宜，且经过一千多年的时间依然如新。

线描是人类绘画中最原始的方法，表现平面形象，在中国则将其发展为有系统的技法，常用于描绘人物衣纹，亦用于云水。中国画使用的线描方法有多种，明清以来，有人将不同勾线方法加以归纳，习称"十八描"。明代邹德中在《绘事指蒙》中记述：

一、高古游丝描；二、琴弦描；三、铁线描；四、行云流水描；五、蚂蟥描；六、钉头鼠尾描；七、混描；八、橛头丁描；九、曹衣描；十、折芦描；十一、橄榄描；十二、枣核描；十三、柳叶描；十四、竹叶描；十五、战笔水纹描；十

3—4—2 多闻天王像幡 ◄
唐
绢画 纵50.5厘米 横17.5厘米
现藏英国博物馆
此幡首、尾皆失，画像部分破损。多闻天王束发戴三珠冠，右手托塔，左手按剑，脚踩附地黄毛邪鬼，用剑压住鬼身，气宇轩昂。画面用色丰富，设色艳丽。

六、减笔描；十七、枯柴描；十八、蚯蚓描。此后各家所载均大同小异，清代王羸将其描绘成图，使"十八描"广为流传。藏经洞遗画采用了多种线描，有铁线描、兰叶描、高古游丝描、行云流水描、折芦描、钉头鼠尾描等，或刚劲流畅，或蜿蜒盘曲，或简单轻快，或繁复工细，皆能很好地表现画意。

　　白描是中国传统的一种绘画技法。采用此种技法作画，只用墨线勾描物象，不着颜色，亦不加水墨渲染，实质就是用墨线的疏密构成画幅。重在以形传神，不重形似而求神似，勾线技法考究，或工致细腻，流畅优雅，或简括质朴，粗犷果断，多表现出勾线的高超技法，朴素简洁，耐人品味。白描原为画工粉本，用于起稿或墨线定稿，在敦煌壁画中保存有唐代白描人物。藏经洞发现的绢画和麻布画极少采用白描，而纸画以白描为多。例如一幅宋代纸画白描粟特女神像，画面主要人物是两位妇女，左侧一人头戴桃形冠，背有项光，着半臂、长裙，璎珞

3-4-3　日曜菩萨像幡
唐
绢画　纵213厘米　横25.5厘米
现藏英国博物馆
绀地线描，表现药师佛的胁侍菩萨。以白色线勾面形丰满，柳眉细目，小鼻樱唇。头饰、耳环、臂钏及衣服花纹，用明亮的黄线提描。双手捧描有赤乌之日轮，脚踏出水莲蓬，下方是菱形图案、花卉纹。整幅画面线描纯熟，蜿蜒盘曲，如行云流水，挥洒自如。

飘带，坐须弥座，左手托盘，盘内蹲一犬，右手持一钵；右侧一人头戴桃形冠，着宽袖袍服，背有项光，有四臂，后二臂各托日月，前右手持蝎子，左手抓一蛇，坐狗背上，狗翘首张嘴回望。描绘简单质朴。

印刷术是中国古代的一项伟大发明。雕版印制的版画在藏经洞出土数量不多，但有精品。著名的如咸通九年刻印的金刚经变，卷子全长约488厘米，宽30.5厘米，扉页刻孤独园长老须菩提请问释迦牟尼之图，共有人物十九，狮子二，莲座法器皆

知识库

★**文人画**

文人画，也称"士夫画"、"士大夫意画"。系中国绘画史上的一个专称。画作注重笔墨韵味，追求文人个性与情趣，用书卷气作为评画的标准。其作品大都取材于山水、古木、竹石、花鸟等。画作不拘绳墨，不求形似，以水墨或淡设色的写意为多。魏晋南北朝时期，姚最"不学为人，自娱而已"，成为文人画的中心论调。宗炳以山水明志"澄怀观道，卧以游之"，充分体现了文人自娱的心态。唐代诗人王维以诗入画，后世有人奉他为文人画的鼻祖。北宋苏轼、南宋扬无咎画风野逸，反叛院体，经元明清三代士大夫及市井文人画家的推动，形成风气。

3—4—4 菩萨像幡 ▲
唐
绢画 纵99.1厘米 横28.2厘米
现藏法国吉美博物馆
图中菩萨戴红莲宝冠，面相丰腴，双眉入鬓，红唇欲启，双目俯视下方，神情庄静，双手重于腹前，拇指相抵作定印之形，玉立于莲花上，遍身绮罗，衣饰华美，全图以线描为主，五官、衣褶处加施渲染。

备。构图严谨、刀法纯熟，线条劲秀、
人物形象准确，充分发挥了线条造型功
能，继承并发展了汉晋线刻画的优良传
统，极富装饰性。

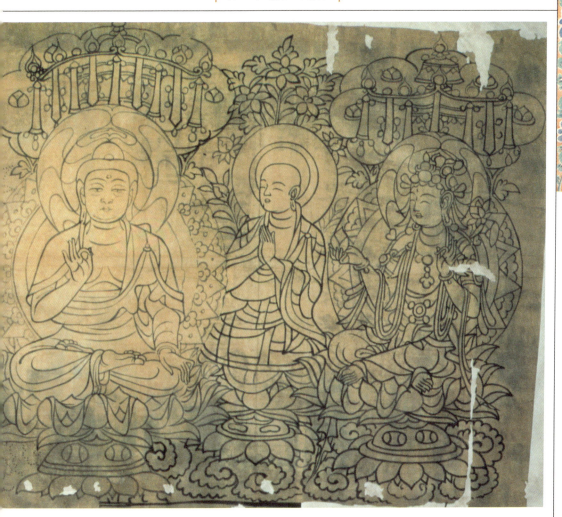

3-4-5　佛五尊粉本　▲

五代至北宋

纸画　纵79厘米　横141厘米

现藏英国博物馆

此画为壁画起稿粉本。一佛二菩萨二弟子，佛结跏趺坐于莲花上，顶有华盖和菩提树。右侧部分用墨线勾描，左侧全为小孔组成的轮廓线。形像严谨，造型准确，是研究敦煌壁画绘制方法的珍贵资料。

3-4-6　白描粟特女神像　　　　　　　　▲

3-4-7　金刚界五佛图　　　　　　　　▶
北宋
绢画　纵103厘米　横62厘米
现藏法国吉美博物馆
金色的大日如来居中，四方是白色的阿閦如来，青
色的宝生如来，赤色的无量寿如来，绿色的不空成
就如来。各佛旁配四个两身供养菩萨（八供养）。地
面上随意描绘轮宝、宝珠等八吉祥文和三昧耶形
（佛、菩萨的象征性持物），下部是7身供养人画像。
表现的是密教金刚界五方佛的曼荼罗图。此画设色
艳丽，具有特殊的韵味。

5·为什么藏经洞绘画可作断代标尺？

藏经洞遗画的时代，跨越唐代到宋初近4个世纪。从绘画风格上判断，主要是唐、五代至宋的作品，最早的可上溯到公元7世纪。虽然没有留下唐以前的早期绘画作品，但据文献记载，在敦煌早期的艺术作品中，画幡类的绘画作品应殿堂内庄严和礼拜的需要，可能已经出现了。

藏经洞遗画中初、盛唐时期的作品，特别是公元7世纪后半期至8世纪后半期的绢画作品，时代特征显著。通过研究这批作品，可以直接探讨敦煌鼎盛时期的绘画艺术。

敦煌初唐时期绢画包含了多种绘画艺术要素，技术娴熟精湛。以初唐时期的典型作品《释迦瑞像图》为例，画面轻施淡彩，以白描的形式生动地表现了释迦瑞像，其内容以印度各地的著名瑞像为主，并揉和了西域于阗等地的像容。各瑞像的像容上下左右并列布局，细劲有力的线描和细腻的图像形式，皆显示出7世纪后半期绘画艺术的特色。这件作品不是唯一的，同样的内容在敦煌莫高窟初唐231、237窟佛龛龛顶可以见到，西夏时期重绘的莫高窟220窟的壁画也有同样的内容。这透露了敦煌绢画瑞像图和壁画瑞像图之间的某种关系。

盛唐时期出现了非常精美、描画细致的净土变相等图像。如《引路菩萨图》

3-5-1 引路菩萨图　　　　　▶
唐
绢画　纵80.5厘米　横53.8厘米
现藏英国博物馆
图中菩萨面相丰满，有须髭，右手执香炉，左手拿莲茎，茎上挂引路幡（或引魂幡），脚踏白莲。其身后贵妇，垂眼下视，神情安详，似已排除一切杂念，随菩萨往生净土。

中，菩萨身后的盛装贵妇体形丰满，蛾眉樱唇，金饰博鬘，人物造型及衣饰裙服，是盛唐时期风行于上层社会的典型式样，与唐画《簪花仕女图》中贵妇、莫高窟130窟甬道南壁《都督夫人太原王氏礼佛图》中十三小娘子的形象、服饰、画风均极相似。此外，《文殊菩萨骑狮幡》从用笔的力度和技法看，应为盛唐作品。画中狮子头部的描绘比榆林窟25窟西壁《文殊菩萨骑狮图》中的狮子更为自然，面部表情捕捉得更为准确，因此，英国著名敦煌学者韦陀认为这是敦煌遗画中最美的作品之一。

敦煌遗画大部分是中、晚唐至五代、宋初的作品。此时，正值张氏、曹氏归义军政权统治时期，从中可以深入了解9～11世纪初期的敦煌绘画技法和风格特点。

中、晚唐至五代、宋初，绘画样式被进一步固定下来，较多地表现了民间佛教信仰的内容，画面构图均衡，布局较满，说法图不再在尊像之间留较大空隙，已趋于公式化。另有一个引人注目的特点，即绘画作品下方供养人像不仅形象增大，而且衣饰华丽，在全图中占有重要的地位。《文殊菩萨像》和《普贤菩萨像》的布局，诸尊像之间的间隔以及背光纹样等，与五代时期敦煌莫高窟36窟和榆林窟16窟壁画风格很相似，不过此画人物的面部表情略显僵硬，人物嘴角较

3-5-2 引路菩萨图
五代
绢画 纵84.5厘米 横54.7厘米
现藏英国博物馆
图中紫云霓雾中，具有女性美的引路菩萨，戴化佛宝冠，右手持长竿幡担于肩头，左手持柄香炉，脚踏莲朵，乘云而行。其后一身着大袖襦衣饰华丽的贵妇（亡灵），虚空踏云相随，神态虔诚。此图色泽鲜丽，特别是贵妇的描绘极具功力，具有鲜明的仕女画风格，发饰与现藏美国波士顿美术馆的《宋徽宗摹张萱捣练图》相似。

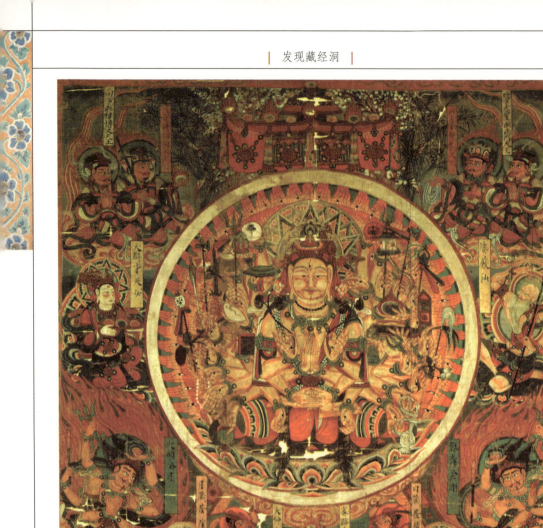

3-5-3　千手千眼观音菩萨图　◀
五代
绢画　纵123.5厘米　横84.3厘米
现藏法国吉美博物馆
画面内容分两部分：上部以一圆为中心，内画观世音坐像，戴宝冠，结跏趺坐，双手合十，圆外顶部画帷幔和双树，另画大辩才天女、婆薮仙、日藏菩萨、月藏菩萨、大神金刚等侍从像。下部中间为供养发愿文，左为供养人像，右为水月观音像。发愿文有作画年代及施主姓名、官衔。此画有确切年代（五代天福八年，公元943年），对同时期绘画有重要的标尺作用。

小，唇线两端呈钩状向下弯曲。还有《父母恩重经变相图》其中的墨书题记内容和斯坦因收集敦煌文书中所见的经文基本一致，此图说法会的主尊及周围菩萨的构图是10世纪公式化的说法图的典型样式，与敦煌莫高窟五代61窟窟顶四坡描绘的说法图很相似，世俗人物形象和北宋时期石窟壁画描绘的供养人像基本相同，是敦煌遗画

3—5—4　寂静四十二尊曼荼图
唐
绢画　纵67.2厘米　横68厘米
现藏法国吉美博物馆
此图是在吐蕃密教经典《秘密集会》的五佛、四佛
母、四忿怒体系的基础上发展而成。中央是阿阿閦
如来（或金刚萨埵），上下左右分别是毗卢遮那宝
生、阿弥陀、不空成就四佛，旁边是佛母。四角分
别有八大菩萨、八供养菩萨、四忿怒和四忿怒妃等。
是吐蕃密教的早期作品，其内容与后世藏传佛教中
之宁玛派所传《初会金刚顶经》中"寂静四十二尊"
有渊源关系。

中描绘人物肖像的杰作。

除从绘画风格判断藏经洞遗画的时代，一些作品中的年代题记直接表明了创作的时代。藏经洞遗画中有年代题记的作品有40件左右。其中年代最早的是有唐"开元十七年"（公元729年）题记的《地藏菩萨立像》（P.209），最晚的是有宋"太平兴国八年"（公元983年）题记的《地藏十王图》（P.116）。此外还见有"咸通五年"（公元864年）、"天福八年"（公元943年）、"太平兴国六年"（公元981年）等年代题记。这些有纪年题记的绘画，其风格、特点具有重要的年代标尺作用，对于其他作品和石窟壁画的年代确定极具参考价值。

3-5-5　被帽地藏菩萨十王图幡　▶
北 宋
绢画　纵137厘米　横55厘米
现藏法国吉美博物馆
地藏菩萨右足折曲、左足下踏莲花作游戏坐姿，头被帷帽，左手托水晶宝珠，右手拈金色锡杖。座右道明和尚合拳侍立，座下蹲踞狮子。左侧4位夹抱案卷的判官，下侧是戴冕冠、着袍、持笏的冥府诸王，其中五道转轮王为武将装扮。右上是乘云飞来的二童子，手持善、恶案卷，右下是二身罗刹恶鬼。此画描绘精致，色彩鲜艳，特别是地藏身后白色大圆光更衬出华美的衣饰，为晚期绢画精品。

3-5-6 千手千眼观音像 ◀

北宋

绢画 纵189厘米 横125厘米

现藏法国吉美博物馆

图中观音跣足立于莲座上，周围众多侍从和变相，有华严菩萨助会、飞仙赴会、梵王助会、如意轮菩萨助会、孔雀王菩萨助会、饿鬼乞甘露时、地藏菩萨来会鉴物时等，内容繁多。下部中间为"功德记"，记施主题名、官职及成画时间。左侧为施主樊继寿及仆从的供养像。此画内容丰富，线条细腻，彩绘精工，有确切的年代（北宋太平兴国六年，公元981年），可资断代。

6·藏经洞绘画如何反映中西文化的交融?

河西走廊具有得天独厚的地理位置。东面是黄土高原西端的陇右地区,与中原核心地带关中地区紧联。陇右与河西走廊相接,合称河陇,紧挨着青藏高原、蒙新高原,是中原向外与西南、西部和西北交通的交汇处。由于地理位置的特殊,自远古以来河陇地区就是一个多民族、多元文化共处的区域,是中国一体多元的其中一个非常重要的区域文化,也是古代中国与世界文明交往最频密、影响最深远的地区。敦煌握河西走廊西部的咽喉,是中国境内"绿洲之路"与"草原之路"南北交通的网络中心。中西不同文化在这里汇聚、碰撞、交融,留下了深刻的印记。

中西方文化的交融不仅在敦煌的石窟建筑、壁画、彩塑中有所反映,藏经洞发现的各类珍宝也明显反映出了这一点。除直观的中西方文献外,藏经洞遗画中既可看

4-6-1　敦煌壁画西域式飞天　　　▼
飞天为白鼻白眼的西域式"小"字脸,袒裸上身,着长裙,披长巾,一身用手拍击齐鼓,另一身吹奏竖笛。变色后的肤色仍可看出传自西域的凹凸法晕染效果。
西魏　莫高窟249窟　西壁龛顶

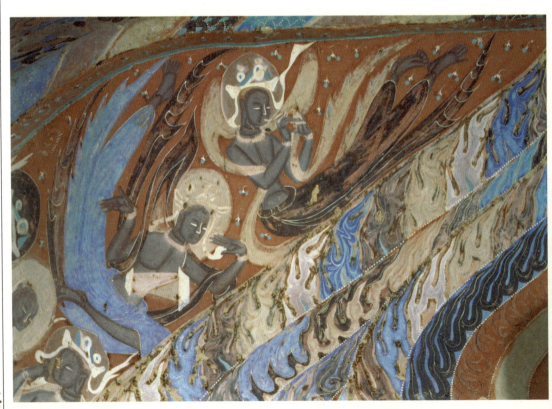

4-6-2 敦煌壁画
八部众 ◀
皆为胡人式的武将形象。迦楼罗是取龙为食的金翅鸟王，摩睺罗迦是大蟒神，乾闼婆以青狮头饰为标识。
中唐 榆林窟25窟北壁

到来自中原的影响，也可看到来自印度、中亚，尤其是于阗等佛教中心以及来自吐蕃的影响，且各种影响互相融合。

绘于8世纪《毘沙门天与乾闼婆》中的乾闼婆★形象，与有"开运四年"（公元947年）纪年题记的《毗沙门天像》版画中的乾闼婆的形象，两者表现手法相近。乾闼婆头披豹皮，左手握火焰宝珠，右手执野兽，这种形象在8世纪以后的印度雕刻中频繁出现，说明两者的原型都源于印度，与印度佛教艺术有密切关系。

绘画技法中的"晕染"法起源于印度。在敦煌遗画中，这种技法已成为一种传统技法被沿用，同时中国画的传统线描技法也很突出。如《父母恩重经变相图》，佛教尊神的面部采用了西域凹凸法表现其立体感，而世俗人物则先以线条勾勒，再用颜色晕染的中国画方式来表现。中西结合的绘制方法，使此件作品成为非凡之作。

4-6-3 携虎行脚僧幡 ◀

唐

绢画　纵79.5厘米　横53厘米

现藏法国吉美博物馆

画面表现从印度取经归来的僧人，背笈满载的经典，与虎相伴而行。佛教自印度经过中亚向中国传播，经历了无数的僧人东传、西天取经的不懈努力。画面上僧人身负的重载，沉重的步履，刚毅的面容，是最好的写照。此画描绘细腻，设色雅淡，经卷的轴端施以红点，僧衣及笈上以金泥彩描，是藏经洞绢画中少见的表现世俗僧人的精品。

4-6-4 金刚力士像幡 ▶

唐

绢画　纵79.5厘米　横25.5厘米

现藏英国博物馆

金刚力士头有火焰圆光，怒眉凸眼，张口怒吼，胡须飞扬，腰束裙，上身及腿脚袒露，肌肉暴起，右手握拳上举，左手紧握金刚杵。披帛绕身，冠带飘举，是愤怒与力的象征。全画线条粗犷豪放，以厚重的赭红晕染，突出其块状肌肉，表现金刚的雄健和神力。

知识库

★乾闼婆

　　梵文Gandharra的古音译，意为香音神、香神等。原为古印度神话吠陀时代侍奉帝释天的音乐之神，飞行于虚空的小精灵，有男女之分。佛教将其吸纳后，常作伎乐供养之神，演奏音乐、散发香气。传入中国后，演变成翱翔飞舞于虚空中的小仙人，多为少女形象，称飞天。在护法八部众中，其像容多为戴虎冠之武装天部形。

入慈可懼愍所以故是入不能受持如是大
乘輕典甚深薰故迦葉善薩白佛言世尊如
来滅後世中是大乘典大涅槃經於閻浮
提廣行流布過是已後沒於地若都後久近
優當還出佛言善男子若我立沒餘八十年
前世是延復當於閻浮提兩大法雨迦葉
菩薩復白佛言世尊如是延典正法滅時正
是野時非法增長時无如法衆生時誰能聽
奚奉持讀誦令其通利供養恭敬書寫解說
催領如来難愍衆生分別廣說令諸善薩聞

第四章 中 世 纪 的 书 法

1·为什么敦煌书法艺术发达？

古代的敦煌有悠远的书法传统。这里曾出过许多大书法家，如东汉的张芝是敦煌酒泉人。他最擅章草，后省减其点划波磔，演为"今草"。他在书坛上，享有极高地位，后人称赞其"超前绝后，独步无双"，有"草圣"之誉，唐代张怀瓘编著的《书断》中列其章草、草书为神品。西晋的索靖也是敦煌人。他擅书法，尤擅章草，得力于张芝草法，而自成形体。书风峻劲，自谓其书为"银钩虿尾"。曾有人把他与张芝相比，称"精熟至极，素不及张；妙有余姿，张不及索"。《书断》称其"善章草，草书出于韦诞，峻险过之"。北宋黄庭坚评其书："笔短意长，诚不可及。"此外，《书断》中提到的赵袭"以能草书见重关西"，还有张越"仕至梁州刺史，亦善草书"，皆是敦煌一带的人。正因为敦煌书法人才辈出，在佛教兴起之后，这个地区

随着丝绸之路的开通，敦煌地区成为中原通往西域的交通要道，是往来东西方的各国使者、商人、传教者等进入中原的第一个驻足或居留之地。当时敦煌为一片绿洲，经济富饶。创始于印度的佛教在东传过程中，首先落户敦煌。佛教传入敦煌后，寺院林立，僧侣交流频繁。佛教作为一种文化，很快地占领了敦煌社会的各个方面。而写经运动的展开，促进了敦煌书法的发展，而书法的发展也促进了佛教的兴旺和弘扬。

丝绸之路的开通，也使中原内地文化源源不断地深入敦煌。中原地区的书法艺术萌生很早。商代的甲骨文★已是独具特色的书法作品，商周青铜器上的铭文书体风格多样，标榜一代。经过春秋战国时期的发展，至秦统一后"书同文"，篆书发展成为一种成熟的书体。汉代隶书达于成

熟，并成为官方使用的主要文字体格，而楷书、草书、行书也在汉末萌芽。魏晋南北朝时期，中国书法艺术达到鼎盛，从篆、隶、章草诸书体中衍生出真、行、今草等诸多书体，中国书法的各种书体齐备。中原的书风传入敦煌，深刻影响了这里的书法艺术。二王、智永、怀素等名家的书法在敦煌备受推崇。敦煌写卷中有不少作品在书写风格、结字、用笔上都具有明显的二王风范。此外还发现有一首《怀素师草书歌》（P.91），作者为马云奇，描写了狂草书家怀素的生平事迹，显示出诗人对怀素的崇敬之情，对研究怀素生卒年月、生平轶事有重要的历史意义。

在本地传统和中原书风的双重影响下，从北凉时代开始，敦煌民间的书法意识、书写风尚也日益增强，如雨后春笋蓬勃而生。

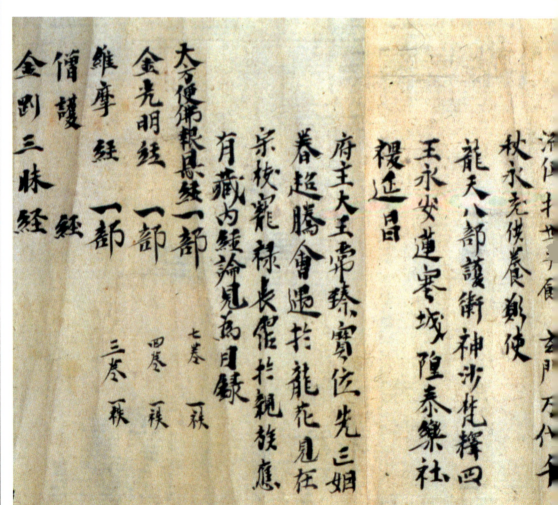

知识库

★甲骨文

又称"契文"、"卜辞"、"龟甲文字"、"贞卜文字"、"殷墟文字"等。中国上古时代的文字，特指殷代后半期书写或契刻在龟甲、兽骨上的占卜、记事文字，是中国现存最古老的文字。文字内容，除极少数属于记事外，大部分是有关王公问卜。此文字距今有三千多年历史，清光绪二十五年（1899年）首次发现于河南安阳小屯村（殷王朝都城遗址）。接着在黄河流域商周遗址大量出土，出土量达十万余片，总四千六百多字，可解读的有近两千字。甲骨文是目前中国所见的最早的成系统的文字，已有大量的合体字，且出现了形声字，但字的笔画和次序不固定。这种过渡性的字体，为研究汉字的演变与发展，提供了宝贵的实物证据。

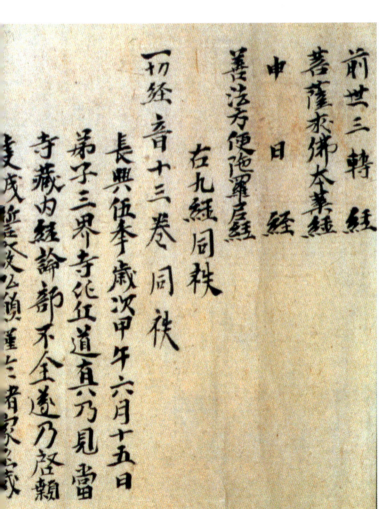

4-1-1 《三界寺藏内经论目录》
五代
纵25.3厘米 横360厘米
现藏敦煌研究院
佛教经录。首残尾存，存194行，73行至86行，为五代长兴五年（公元934年）敦煌名僧道真的发愿文。首部残缺处已经后人描补，末尾有"此录不定"四字，证实是道真所写的一个草目，反映道真从事配补藏经的活动。

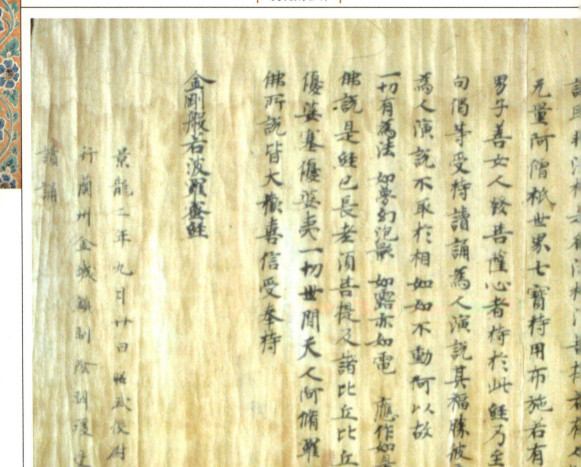

4-1-2　《金刚般若波罗蜜经》　▲

盛唐

现藏中国国家图书馆

《金刚般若波罗蜜经》是印度大乘佛教经典。此经信众甚广，敦煌文献中有此经写本约两千件。此为唐景龙二年（公元708年）写，39行，尾有题记："景龙二年九月廿日昭武校尉前行兰州金城镇副使阴嗣瑗受持读诵"。阴嗣瑗，武周时行金城镇副，景龙二年任昭武校尉，后官至正议大夫检校豆卢军事，并长行坊、转运、支度等使。有唐一代，阴家乃敦煌望族。藏经洞出土之《敦煌名族志》上就有阴嗣瑗其人事迹。

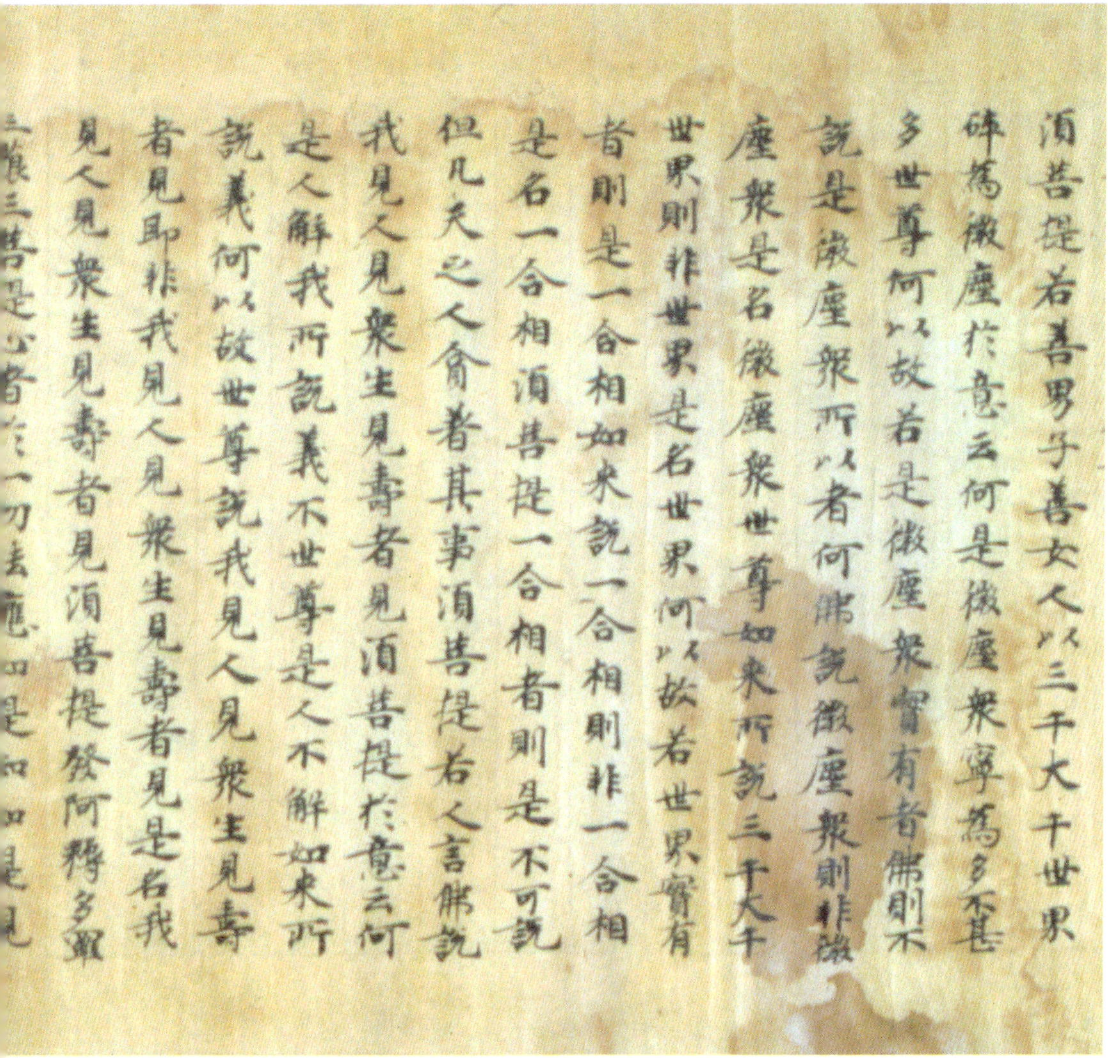

湏菩提若善男子善女人以三千大千世界
碎為微塵於意云何是微塵衆寧為多不甚
多世尊何以故若是微塵衆實有者佛則不
説是微塵衆所以者何佛説微塵衆則非微
塵衆是名微塵衆世尊如來所説三千大千
世界則非世界是名世界何以故若世界實有
者則是一合相如來説一合相則非一合相
是名一合相湏菩提一合相者則是不可説
但凡夫之人貪著其事湏菩提若人言佛説
我見人見衆生見壽者見湏菩提於意云何
是人解我所説義不世尊是人不解如來所
説義何以故世尊説我見人見衆生見壽
者見即非我見人見衆生見壽者見是名我
見人見衆生見壽者見湏菩提發阿耨多羅
三藐三菩提心者於一切法應如是知如是見

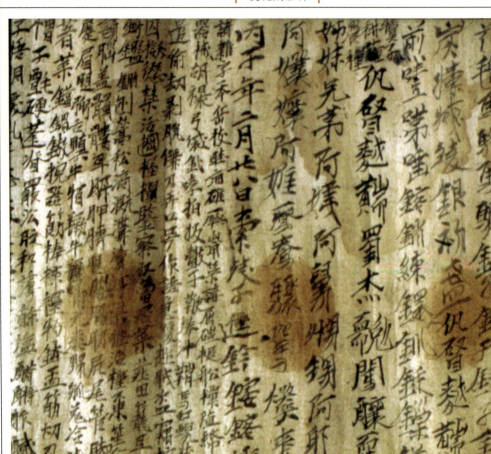

4-1-3　降生礼文等抄本　　　▲

唐

现藏中国国家图书馆

7纸143行，内容繁杂，书写亦不工整，似学童或沙
弥习抄契约、佛经所用，内容从多方面反映了当时
的社会状况。

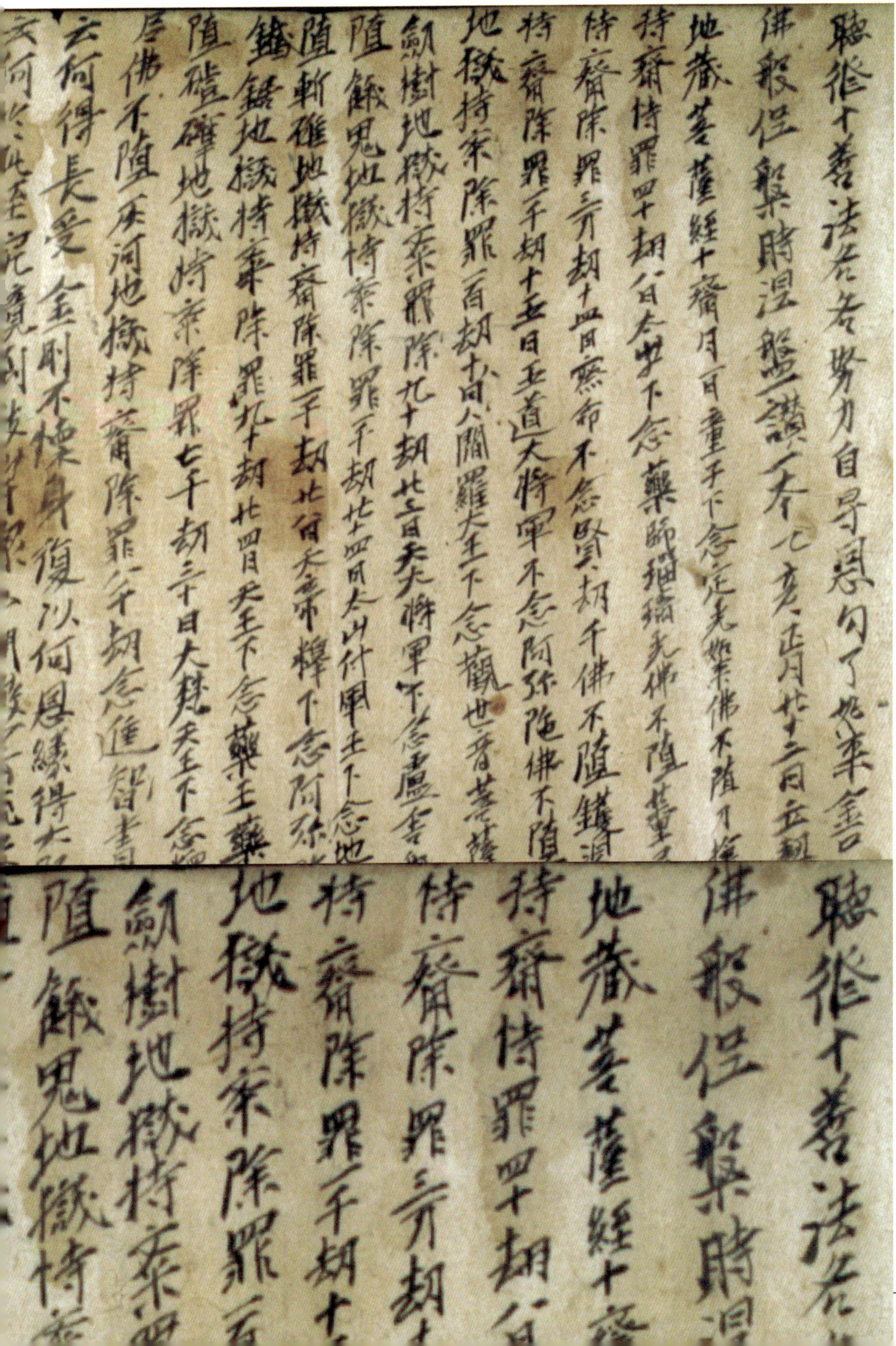

聽從十善法君若勞力自身恩句了也來金言

誹報侶繫時涅盤讚一奉乙亥正月廿二日立翻

地養菩薩經十齋月可重于下念藥師琉璃光佛不隨

持齋持罪四十劫合永世下念藥師琉璃光佛不隨

持齋陳罪三千劫十五日至道大將軍不念阿彌陀佛不隨

地獄持家陳罪二百劫十八日閻羅大王下念觀世音菩薩

劍樹地獄持家陳罪九十劫廿三日大将軍下念盧舍那

飯鬼地獄持家陳罪千劫廿四日太山府君下念地

隨斬推地獄持齋陳罪千劫廿八日天帝釋下念阿彌陀

鑊湯地獄持家陳罪千劫廿四日天王下念阿彌

隨礁碓地獄持齋陳罪七千劫三十日大梵天王下念

隨佛不隨所河地撿持齋陳罪行劫念進誓書

云何得長受金剛不壞身復以何恩緣得大

2·为什么说藏经洞写卷堪称一部书法史？

藏经洞所出的写卷，主要是墨迹写本，数量达几万卷，分别写于不同地区的各个朝代。据研究，藏经洞写卷所跨的历史年代上自东晋，下迄北宋初年，所涵盖的地理范围包括中原及河西地区。这七百多年的书法墨迹，在敦煌写本发现之前，传世者如凤毛麟角，珍贵异常。数量巨大的敦煌写本，仅就中国书法史的研究而言，即是无比丰富的宝藏。它具有高度的中国书法艺术价值，并再现了那一历史时期书法在敦煌地区发展演变的风貌，是敦煌学的重要组成部分。

藏经洞写卷不仅跨越时间长，来源地区广，而且各种书体兼有，并可看出多种书体在不同历史时期的发展特点。敦煌写卷中以楷书为大宗。若将署有纪年的楷书写卷加以编年排列，楷书在东晋至北宋的演变历程、风格变化，可尽收眼底。写卷中也有不少行书、行草书、今草、章草等体势的书迹。虽然不及楷书那样阵容强大，用草书抄写的佛经长卷和临仿名家的

4-2-1　《大般涅槃经·如来性品》 ▼
北朝
纵 27.6 厘米　横 332 厘米
现藏敦煌研究院

《大般涅槃经》是印度大乘佛教经典。首尾俱残，白麻纸，8 纸，每纸 27 行，行 17 字。乌丝栏纤细规整，墨色浓黑而有光泽，字体结构呈扁平状，保持了较多的隶书气息，为隶书向楷书过度书体。由于书写速度快，横画起笔显露尖锋，收笔停顿，撇画收笔往往上翘，显得意态开张，灵动潇洒。当出于写经高手之笔，是北朝时期敦煌写经中的精品。

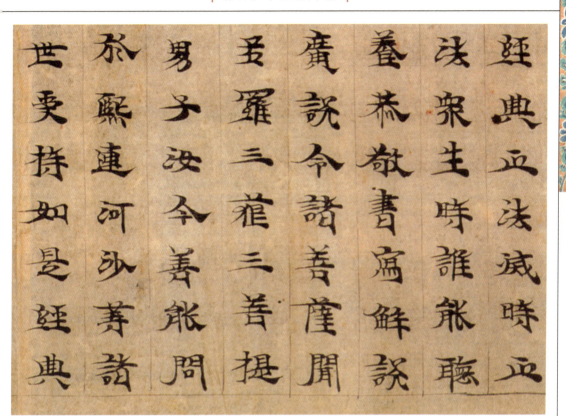

廷典正法藏時正

養恭敬書寫解說

法衆生時誰能聽

說令諸善崖聞

吾羅三藐三菩提

男子汝今善能問

於熙連河沙菩諸

世要持如是廷典

4-2-2 《大般涅槃经·如来性品》局部 ▲

草书作品，也大有可观。篆书《千字文》残卷（P.4702、3658）又为写卷书法备足了篆书一类。现在极为少见的古代飞白★书，在敦煌写卷中也有保存。如现藏伦敦英国图书馆的S.2202上的"大圣弥勒之院"，S.5952上的"忍辱波罗蜜"，S.5465上的"龙兴寺"皆是。这些写卷上的飞白作楷体，是当时的一种美术化的文字，字形展大，虽然写得白而不飞，呆板如麻衣状，无艺术欣赏价值可言，但称得上这种体势中难得的书法墨迹。敦煌写卷还发现了用木笔或苇笔书写的硬笔书法。这是书法史未曾记载的民间创造。从甘肃出土的实物来看，硬笔尖端劈为两瓣，完全与今日的蘸水钢笔尖相同。这说明我国硬笔书法自古有之。

藏经洞中还发现了关于书法理论的写本。有三叶残卷，颇令人注目。其一是论述写字方法的，对笔划的比例关系，粗细、长短、宽狭、字与字的大小关系都有详尽和精辟的论述。其二和其三为王羲之《书论》、《笔势论》残卷，为民间传说中的王羲之书论抄件。

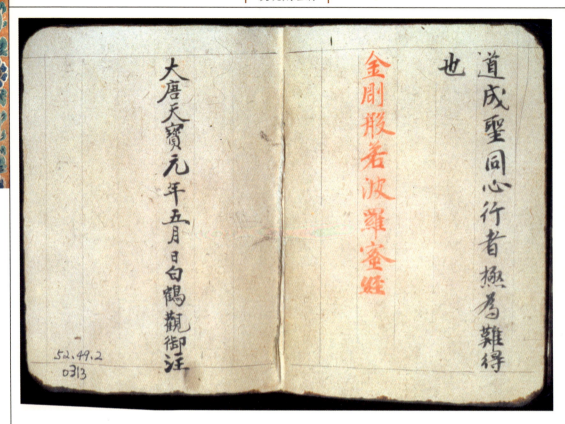

4-2-3　《金刚般若波罗蜜经注》　　▲
唐
页纵15.3厘米　横11.7厘米
现藏敦煌研究院
佛教经典注疏写本。共74页，蝴蝶装，首尾俱全。厚黄麻纸，乌丝栏，每半叶书6行，总933行。朱、墨两色书写，朱笔写经文，墨笔写夹注。《金刚般若波罗蜜经》传世本的疏释、经论，不下数十种，藏经洞出土的也有十来种，但没有一种与此雷同。对佛教史的研究很有价值。此件装帧特别：取纸五叶或六叶对折成一迭，几迭合起来后用丝线从中缝连缀成书，与现代书籍装订几无差别。书左侧上下角，切成圆弧形，以免因经常翻检而折角。

知识库

★ 飞白

东汉末年创制的一种书法体势。其特征是笔画中夹白，要求白若丝发，其势飞举。篆书、隶书、草书、楷书、行书都可以用飞白之法书写。飞白在东晋、南朝流行起来，唐、宋两代的帝王好以飞白书写碑额，追求某种奇异的视觉效果。

3 · 什么是写经体?

写经体,顾名思义,是指抄写佛教典籍的书体。广义上包括楷、草、行等用于抄写佛经的书体,狭义上人们习惯只把写卷较多的类楷书的书体称为写经体。魏晋时期,写经体已形成一种独特的体态而自成体系。写自西陲、中原和江南的经卷,都有共同的性质特征。如南朝陈至德四年(公元586年)抄写的《摩诃摩耶经卷》(P.2160),其结字体态与用笔习性显然异于江南以智永为代表的二王书派流媚的书风,遵循的却是魏晋以来写经体的基本规范。及至唐代,由于太宗极力倡导王羲之的书法,写经体也发生了明显的变化,告别了以往存有隶意的朴茂峻整的习尚,转向流美婀娜一途。许多唐时抄写的经史子集一类的典籍,其书法也呈现出这种体态流风。

写经者一般是寺僧、经生、朝廷书吏,尤其经生是专事抄经的人。他们接触过书法的基本训练或严格考核,因为技艺的传承或师徒相授,或风习相染,笔下的体态风姿有一脉相承的规约性,但是社会地位卑微,欠通字学,抄写中别字俗体横出。所以,写经书法历来不为士林重视。

4-3-1　《摩诃衍经》　▼
西魏
现藏中国国家图书馆
《摩诃衍经》是印度大乘佛教的重要经典,后秦鸠摩罗什汉译本。此为西魏写经,首残尾全,存4纸94行,尾题:"大代普泰二年(公元532年)岁次壬子(下残)乙丑岁弟子使持节散骑常□西诸(下残)东阳王元荣(下残)"。东阳王元荣是北魏的宗室。他任瓜州刺史期间,虔诚信佛,除抄写大量佛经布施外,还在莫高窟"修一大窟",是北魏、西魏时期敦煌的重要人物。

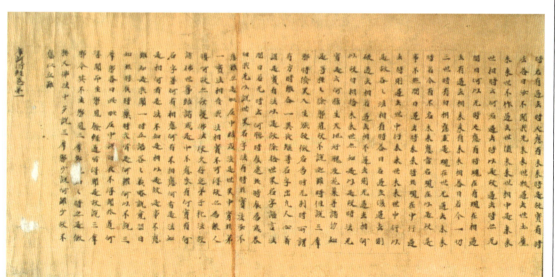

未來世不作過去世法未來世相中是來答
世相時云何名過去時以是故過去時無无
問曰何以无時大應有時現在有現在相過
去有過去相未來有未來相答曰若今一切
三世時有曰相應盡是現在世无過去未來
時若今有不名未來應當名現在以是故是
事不然問曰過去時未來時非現在中行過
去時則過去世中行未來世未來世中行以
是故各各法相有時答曰若過去復過去則

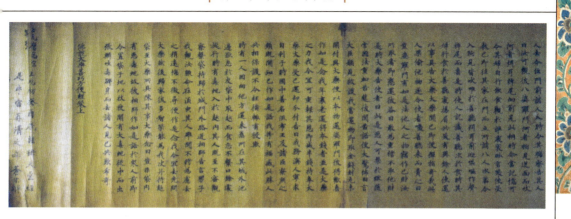

尽管如此，唐代著名书法家如褚遂良、颜真卿，其楷书都曾取资于写经体却是不移的事实。

佛经写卷在敦煌写卷中占据绝大比例，年代从东晋以迄唐代，其书法体态基本展现出写经体演进完善的全部历程，不仅记录了汉字在隶变完成以后向唐楷过渡的全过程，而且真实地显示出民间书家对汉字及书法的发展所起的重大推动作用。敦煌写经体的演变发展过程大致可分为三个阶段。

第一阶段是魏晋南北朝时期。这一时期是佛教发展的高峰期，敦煌石窟始凿于此。佛教的发展促进了写经的发展和繁盛。此时的写经适值隶体向楷体过渡之际，字体的笔画、结构上多保留有隶书笔意，并存有大量的异体字，从中可考察到汉字演变的轨迹。代表作有：前凉升平十二年（公元368年）的《道行品法句经》、晋《三国志·步骘传》、皇兴二年（公元468年）的《康那造幡发愿文》、北魏

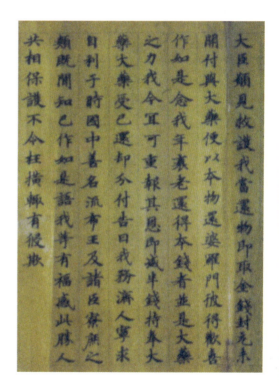

4-3-2 《佛说大药善巧方便经》 ▲
唐
纵25.1厘米 横158.4厘米
现藏敦煌研究院
佛经写本。原与伯希和第3791号为同一卷，后被人分割。硬黄檗纸，无头有尾，行17字，存80行。卷末有后人书"上元初"题记，据题记中"癸酉岁"当为唐高宗咸亨四年（公元673年），次年即高宗上元元年，可知写于此期。此卷为唐人写经佳品，极细的乌丝栏，楷书纯熟，章法严谨，笔力遒劲，可与著名的《灵飞经》媲美。

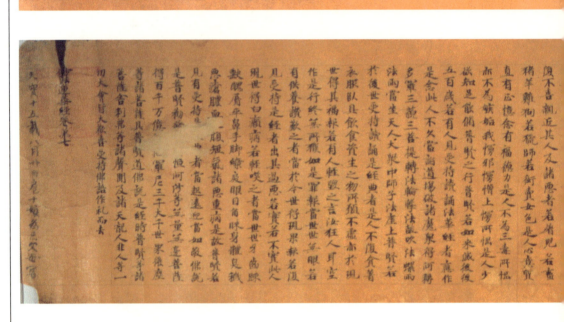

4-3-3 《妙法莲华经·普贤菩萨劝发品》▲
唐
纵25.5厘米 横195厘米
现藏敦煌研究院

《妙法莲华经》是印度大乘佛教主要经典之一，后秦
鸠摩罗什译，迄今发现敦煌写本有五千件以上，可
见此经极其流行。此写本首尾俱全，共103行，每
行17字，少数18字。题记"天宝十五载（公元756
年）八月二十日扈十娘为亡父母写"。麻纸，乌丝栏
线细色淡，字体墨色浓黑。楷书工整，布白均衡，章
法得宜，行笔圆润而遒劲，为唐代写经书的代表作。

《大般涅槃经》、兴安三年（公元454年）
的《大慈如来告疏》、延昌元年（公元512
年）的《成实论》、正光二年（公元521
年）的《大方等陀罗尼经》、北周保定元
年（公元561年）的《大般涅槃经卷》第
十八等。

第二阶段是隋及初、盛唐时期。隋唐

书法中，也是谨守法度，民间书法也向士族显贵书法靠拢，逐渐形成大同书风。写经笔锋多使转灵动，墨华灿烂，体现出盛唐书法气概。启功先生说："唐人楷书高手写本，莫不结体精严，点画飞动，有血有肉，转侧照人。校以著名唐碑，虞（世南）、欧（阳询）、褚（遂良）、薛（稷），乃至王知敬、敬客诸名家，并无逊色。"抛开这些写本的文献价值，单从书法艺术上看，也是极具欣赏价值的。代表作有唐咸亨三年（公元672年）的《妙法莲华经卷》第六、咸亨四年（公元673年）的《佛说大药善巧方便经卷上》、唐高宗仪凤元年（公元676年）的《金刚般若经残卷》等。

第三阶段是中、晚唐、五代至西夏时期。此时，敦煌石窟的开凿总体上开始走下坡路，佛教进一步世俗化，对壁画、彩塑创作以及写经书法等的要求有所放松，因此写卷书体多样化起来。代表作品如唐昭宗大顺元年（公元890年）的《论语郑玄注卷》第二残卷等。

也是中国佛教发展的繁盛期。各地建寺、开窟、造像、写经等佛事活动频繁，敦煌石窟也达到极盛时期。从隋大业四年（公元608年）的《大般涅槃经》、大业九年（公元613年）的《胜鬘义记》等可看出，此时的写经体楷书风格尚未成熟。唐代书坛名家辈出，书法注重法度。反映在敦煌

4．严肃的写经卷为什么采用行书、草书？

抄写佛经是极为严肃的事情，依照程式、书写工整是起码的要求，这是表示对佛的虔诚的一种方式。但由于受社会风气的影响，草书、行书等体现自由豪放的书体也成为抄写经籍的书体形式。

行书是藏经洞写卷中用途广泛的一种书体。除了正规的写经，大多用恭正的楷书即写经体书写外，一些辅助性的经文注释、疏讲、略述，以及寺院的经济文书、官署的牒状、民间的书信、医方、杂抄、课本等多用行书，因其易认、易写、方便、快捷，所以成为民间书写的主要书体。

行书在群众中广泛地流传应用，变得多姿多彩。由于性格不同，内容有别，书家气质各异，因而写卷的行书形态也各有千秋。文人学士一般写得娟秀纤细，温文尔雅，有书卷之气；僧侣书写佛教经典，则循规蹈矩，胸怀古今，千篇一律；官署文书、关防牒状，多见剑拔弩张，雄浑健壮，具有大刀阔斧、武夫气质。有

4－4－1　《因明入正理论后疏》　◀
唐

《因明入正理论》是阐述形式逻辑的哲学著作。此卷用字字的独立草书抄写，每行二十三字左右，整篇草书的风格保持首尾一贯，笔法取用侧锋而不激不厉，笔画的连环钩锁，即草势的连属映带，只限于一字之内。其笔画宽厚，不作纵放的恣肆，反而取横张的势态，手法是纵向的笔画促其短，横向的笔画令其展。字与字之间衔接紧凑，行款茂密充实，不同于唐代孙过庭笔下劲利的王书流派的今草，更没有张旭、怀素狂草的影子，其规则性很强，草法圆熟，章法茂密，气韵通畅。

4-4-2 　《大乘起信论略述》　▲
唐

行草书写卷。有题记"建康沙门昙旷撰"。《大乘起信论》是佛教的一种重要理论著作。全论由因缘分、立义分、解释分、修心信心分、劝修利益分五部分组成，显示大乘佛教的实质在于一"法"、二"义"，对世界万物的关系进行论证。此卷书法结字端正，笔法纯熟，法度严谨，无相当学识不可能写出。

4-4-3 　《文心雕龙》　▲
唐

《文心雕龙》是我国古代文学评论巨著，东晋梁朝刘勰著。此卷书法通篇为行草书。用笔简练流畅，结字规范，瘦长劲利，筋骨俊爽，潇洒自如，字与字并不连带，而每字之中盘曲映带，点画奇崛，极具姿态。

些行书堪陈绝代精品，不逊于古人之法帖。如有一写卷P.4640为敦煌地区僧传、经济账目，行笔老练，法度十分严谨，结字造型优美，挥写自然，全篇一气，极具观赏价值，完全可作为范本临摹。

敦煌是草书的发源地。东汉晚期的"草圣"张芝、西晋"章草宗师"索靖等皆为敦煌人，所以敦煌有着草书传统。

但敦煌写卷中的一些类草书作品，与他们的作品风格迥异，可见并无直接的承传关系。

藏经洞写经卷中就出现了多种书体，其中类草书作品中多行草。这是因篇幅所限，藏经洞写卷多用小字，表现的结体方正，或线条圆浑，字形大小与线条粗细都变化不大，字字独立，很少连接，适宜用

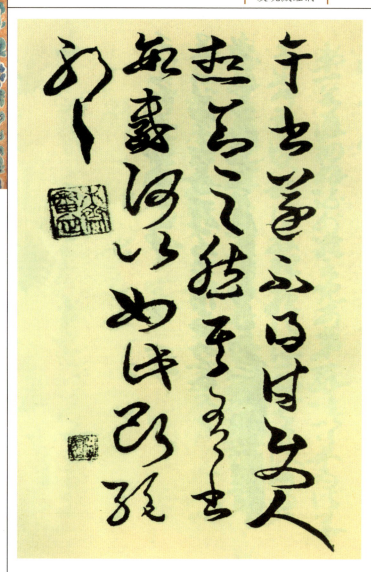

飞动的笔迹，具有狂草性质，品位极高。

藏经洞写卷的行草书法极具艺术魅力。隋唐之后，行草书体已形成，民间使用行草时虽还保留一些章草的用笔，还存在一些带有波磔的余绪，但敦煌写卷中严格意义的章草，如《急就章》、《月仪帖》那样的写法已不存在。写卷中的行草书体十分显眼和活跃，风格面貌异彩纷呈，但也有一些共性。一般来说都是雍容大度，态妍情丽，清峻挺拔，凝练沉雄。但寺院所出书法，总有一种宗教禁锢拘束的性情，缺乏放纵自由之气。当然其中也出现一些精品，如《因明入正理论后疏》（P．2063）、《妙法莲华经》（P.2118）、《大乘起信论略述》（S.2721）、《文心雕龙》（S.5478）等这些书作，都笔法纯熟，体态严谨，结字规则，类如孙过庭《书谱》，虽因写经为小字写卷，缺乏《书谱》那种纵横驰骋的气度，但在简练厚重上另辟蹊径，皆是绝妙之作。

4-4-4 书札 ▲
唐
此为唐人草书牒状类写本。因内容短少，显其为一完整的草书书法作品。

行草书写。狂草在敦煌写卷中几乎不存在，像张旭、怀素、黄庭坚那种放纵的草书作品尚未发现，但在写卷中偶尔见有批注、尾题，字数不多，即兴而书，龙蛇

5、藏经洞保存了哪些名家名帖？

敦煌书法之风强盛，对历代书法名家推崇备至，并留下了他们的墨迹。

隋唐时期，王羲之声名显赫，名噪南北，连远在西陲敦煌莫高窟的经生们也推崇尊学，时成风尚。藏经洞写卷中存有王羲之《十七帖》临本 ★ 残件三帖，为《瞻近帖》、《龙保帖》、《旃罽帖》。此三帖残件，为唐人临本。从三帖中一些字的结体、风格等来看，似出自一人之手。从基本字形、排列行距看，确为王羲之书写形态，堪为敦煌书法中难得的墨宝佳品。但与后世传刻的《三希堂》、《淳化阁》及《太清楼》等版本多有差异，说明唐代《十七帖》在民间流传的版本众多。此三帖可以作为校勘的依据。纵观敦煌写卷的行草书，显然受到二王的影响很大，在书写风格、结字、用笔上，基本上接受了二王的风范，而且功力十分扎实，如《劝纳谏文》（S.1835），后有草书题记，笔法遒劲，结体挺拔，章法体态，承意自然，很有王书之俊逸风骨。

智永《真草千字文》在唐代负有盛名。传说智永闭门三年，临写了八百本，散于人间，"江南诸寺各留一本"。现在世上流传有三种版本，一是唐传日本之墨迹本，二是北宋大观三年（1109年）薛嗣昌刻本，三是南宋《群玉堂》四十行残本。藏经洞写卷中有蒋善进临《真草千字文》（P.3567），临本一段起于"惟房，纨肩贞洁"，终于末句"焉哉乎也"。卷尾题记："贞观十五年七月临出此本，蒋善进记。"此蒋善进临本，是第四种。与上述三种对照，唯与薛嗣昌刻本非常接近，笔法相同，精神气质也惟妙惟肖。蒋氏所临千字文，功力极佳，牵丝连带，平

4-5-1　临王羲之《旃罽帖》　▼

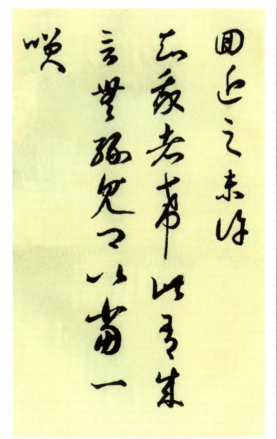

稳自然，气韵酷似智永之原貌，不逊于其他临本，遗憾的是只存了三十四行，一百七十字，但确为初唐之精品。

藏经洞中还保留了三件珍贵的唐代名家拓本★。其一是唐太宗李世民的《温泉铭》（P.4508），为写卷中之拓本残件，存五十行，有初唐"永徽四年（公元６５３年）"题记。其书体为楷、行、草兼备，骈丽流畅，雍容大度，有明显的二王书风。李世民是用行草写碑的第一人。除此之外尚有山西之《晋祠铭》，二碑珠联璧合。《温泉铭》碑已荡然无存，因此敦煌存之拓本，就格外珍贵。

其二是柳公权《金刚经》（P.4503），为一卷装拓本，首尾完整，现存巴黎。题名《金刚般若波罗蜜经》，有"长庆四年（公元824年）四月六日"题记。此碑是柳公权为长安西明寺题写的碑铭，碑毁于宋代，后世多有传拓，极负盛名。其书可以称得上纯正楷书的典范。

另有欧阳询《化度寺邕禅师塔铭》。残

4-5-2 蒋善进临《真草千字文》◀

存十二页，每页四行，行五字。前二页藏法国国立图书馆，编号P.4510，后十页藏于伦敦，编号S.5791。此碑立于唐贞观五年（公元631年），被认为是欧阳询书法中最优秀的作品。原碑已佚失，传世有多种拓本。此本为唐代拓本，虽然有残损，文义不接，但笔力遒劲，法度森严，于腴润之中见峭劲，有清逸之风神与俊秀之骨格，最接近原作，与坊间流传宋代拓本迥异。

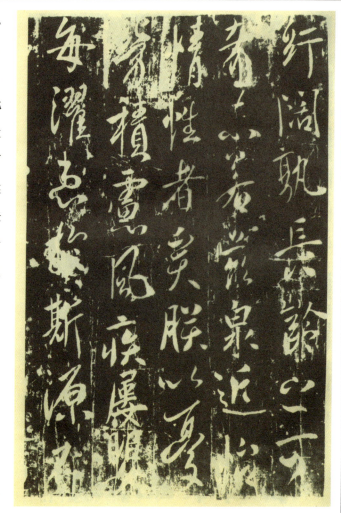

4-5-3 《温泉铭》拓本 ▶

知识库

★临本

将碑帖或真迹置于一旁，仿照原作的笔画书写而成的作品，被称为"临本"。《丹铅总录》引岳珂语称："临帖如双鹄并翔，青犬浮云，浩荡万里，各随所至而息。"南宋姜夔《续书谱》称："临书易失古人位置，而多得古人笔意；摹书易得古人位置，而多失古人笔意。临书易进，摹书易忘，经意与不经意也。"

★拓本

亦称"墨本"、"脱本"等。用湿纸覆在碑刻、金石等器物的文字、纹饰上，再用墨或其他颜色转拓而成的文字或图像作品。墨深黑有光的叫"乌金拓"；墨浅淡匀净的叫"蝉衣拓"；用朱色打拓的叫"朱拓"。因传拓时代早晚不同，拓本价值亦有高下。时代早的拓本，存文图完整，价值就高。此外，拓工技术、纸墨好坏等也是衡量拓本价值的标准。

附录　敦煌大事记

历史时代	敦煌行政建置	敦煌地区大事记	世界文明地区大事记
汉　　西汉 　　新 　　　东汉 （公元前 111～ 公元 219 年）	敦煌郡敦煌县 敦德郡敦德亭 敦煌郡	公元前 139 年张骞出使西域，历 13 年，获大量西域资料； 公元前 127 年，卫青、霍去病出击匈奴，历时 8 年，河西走廊归入西汉版图，敦煌成为通西域的门户； 公元前 111 年敦煌始设郡； 公元前 119 年，张骞再次出使西域； 公元前 69 年大族张氏自清河迁敦煌，家于北府，号北府张氏； 公元 16 年大族索氏自钜鹿迁敦煌，号南索； 公元 23 年隗嚣反新莽； 公元 25 年窦融据河西，恢复敦煌郡名； 公元 73 年班超出使西域，汉与西域断绝 65 年后恢复通好； 公元 97 年，东汉使节甘英到达波斯湾； 公元 120 年东汉置西域副校尉，主管西域事务，治所设在敦煌，敦煌成为中原王朝统治西域的军政中心。	公元前 174 年大月氏部落离开中国西部，迁往中亚； 公元 52 年贵霜帝国建立，统治中亚地区及印度北部，成为与中国、罗马、波斯并列的四大帝国之一； 公元 60～200 年印度编成《般若经》、《法华经》、《华严经》、《无量寿经》等大乘佛教经典。
三国 （公元 220～ 265 年）	敦煌郡	竺法护游历西域，携佛经东归，在长安、敦煌、洛阳传教译经，被称为"敦煌菩萨"。	公元 226 年波斯萨珊王朝建立； 公元 229 年贵霜王遣使到中国； 公元 242 年波斯人摩尼开始传教。
西晋 （公元 266～ 316 年）	敦煌郡	出现索靖、索袭、宋纤、氾腾等一批名儒。	

十六国　前凉 　　　前秦 　　　后凉 　　　西凉 　　　北凉 （公元 317~439年）	沙州、敦煌郡 敦煌郡 敦煌郡 敦煌郡 敦煌郡	公元 320 年，竺法护弟子竺法乘在敦煌立寺延学； 公元 336 年，始置沙州； 公元 366 年，沙门乐僔在敦煌莫高窟修建第一个洞窟； 公元 384 年，苻坚徙江汉民众到敦煌； 公元 400~405 年，为西凉国都； 公元 413 年，中天竺名僧昙无识到敦煌译经弘法。	公元 320 年，印度笈多王朝建立； 公元 339 年，波斯禁基督教； 约公元 4 世纪，印度教形成； 公元 422 年，波斯下禁基督教之令。
北朝　　北魏 　　　西魏 　　　北周 （公元 439~581年）	沙州、敦煌镇、义州、瓜州 瓜州 沙州鸣沙县	公元 444 年，置镇，公元 516 年，罢为义州，公元 524 年复瓜州； 公元 530 年，东阳王元荣在莫高窟修造佛窟； 公元 563 年改鸣沙县，至北周末； 公元 571 年，瓜州刺史、建平郡公于义在莫高窟修造佛窟。	公元 455 年，波斯萨珊王朝遣使到中国； 公元 518 年，波斯与北魏通使； 公元 521 年，龟兹王遣使致书南朝的梁朝，赠送方物。
隋 （公元 581~618年）	瓜州敦煌郡	公元 601 年，隋文帝诏天下诸州建灵塔，送舍利至瓜州崇教寺（莫高窟）起塔； 公元 609 年，隋炀帝巡幸河西，会见西域诸国可汗，并派人到敦煌造寺修塔，三十多年间在敦煌开窟 94 个。	公元 606 年，戒日王即位，定都曲女城，北印度归于统一； 公元 610 年，阿拉伯人穆罕默德创立伊斯兰教； 公元 615 年，吐火罗、龟兹、疏勒、于阗、安国、何国、曹国等遣使到中国向隋朝朝贡。
唐 （公元 619~781年）	沙州、敦煌郡	公元 622 年，设西沙州，公元 633 年改沙州，公元 740 年改郡，公元 758 年，复为沙州； 公元 618~704 年，在敦煌历史分期上为初唐期； 公元 695 年，禅师灵隐、居士阴祖等在莫高窟修建高达 35.2 米的北大像；	公元 630 年，穆罕默德以麦加作为伊斯兰教朝圣之地； 公元 640 年，戒日王遣使到长安，为中印邦交之始； 公元 644~656 年，阿拉伯文《古兰经》成书；

续表

		公元 704～781 年，在敦煌历史分期上为盛唐期； 公元 721 年，僧人处谚与乡人马思忠等造高达 27 米的南大像。	公元 651 年，阿拉伯军攻波斯，波斯向唐求援； 公元 652 年，阿拉伯灭波斯萨珊王朝； 公元 692 年伊斯兰教伟大建筑耶路撒冷之石制圆顶教堂建成； 公元 716 年，印度沙门善无畏来长安。
吐蕃 （公元 781～848年）	沙州敦煌县	公元 781 年，吐蕃占领敦煌，统治当地达 67 年，这段时期在敦煌历史分期上为中唐期，也称吐蕃时期。	公元 795 年，巴格达设造纸作坊，以中国方法造纸。
张氏归义军 （公元 848～910年）	沙州敦煌县	公元 848 年，张议潮逐走吐蕃，归降唐朝，后被册封为归义军节度使； 公元 851 年，唐朝以沙门洪辩为河西都僧统，管理僧侣事务； 公元 868 年，敦煌发现的最早的雕版印刷佛经在这年出版。	
西汉金山国 （公元 906～914年）	国都	公元 906 年，归义军节度使张承奉自立为白衣天子，号西汉金山国； 公元 911 年，张承奉向回鹘求和，尊回鹘可汗为父，改称"敦煌国"，去天子称号，改称王； 张议潮至张承奉统治期在敦煌历史分期上为晚唐期。	
曹氏归义军 后梁 后唐 后晋 后汉 后周 宋 （公元 914～1036 年）	沙州敦煌县 沙州敦煌县 沙州敦煌县 沙州敦煌县 沙州敦煌县 沙州敦煌县	公元 914 年，曹议金取代张承奉，废金山国，仍称归义军节度使。	公元 916 年，通往中亚的路被藏人和阿拉伯人占领； 公元 991 年，阿拉伯数字开始传入欧洲； 公元 1000～1026 年，伊斯兰教传入印度。

续表

西夏　　　　西夏 蒙古 （公元 1036 ～ 1227 年）	沙州 沙州路	公元 1036 年，西夏攻占沙州，归义军政权结束，敦煌由西夏控制；西夏在莫高窟重修 60 窟。	公元 1204 年，十字军攻陷东罗马帝国的君士坦丁堡，建立"拉丁帝国"，东罗马帝国分裂为三部。
蒙元　　　　元 北元 （公元 1227 ～ 1402 年）	沙州路 沙州路	公元 1227 年，蒙古占领敦煌； 公元 1229 年，蒙古自敦煌置驿抵玉门关，以通西域。	公元 1256 年，波斯被蒙古军征服； 公元 1258 年，阿拉伯阿拔王朝被蒙古军征服，同年蒙古军在其征服的伊朗、阿富汗、两河流域等地建立伊儿汗国； 公元 1369 年，帖木儿汗国建立，以撒马尔罕为首都，成为中亚强国。
明 （公元 1368 ～ 1644 年）	沙州卫、罕东街	公元 1372 年，明将冯胜经略河西，建嘉峪关，敦煌被弃置关外； 公元 1516 年，吐鲁番占领敦煌； 公元 1524 年明朝关闭嘉峪关，沙州民众内迁，敦煌凋零。	公元 1404 年，帖木儿准备进攻中国，于征途中病死； 公元 1453 年，君士坦丁堡被土耳其军攻陷，东罗马帝国灭亡； 公元 1498 年，达伽马航抵印度； 公元 1550 年，帖木儿帝国灭亡； 公元 1526 年，印度莫卧儿帝国建立； 约公元 16 世纪，阿拉伯民间故事集《一千零一夜》成书； 公元 1632 年，印度修筑泰姬陵，被喻为世界七大建筑奇迹之一； 公元 1669 年，莫卧儿帝国禁止婆罗门教。
清 （公元 1644 ～ 1911 年）	敦煌县	公元 1715 年，清兵出嘉峪关收复敦煌一带； 公元 1724 年，筑城置县； 公元 1900 年，道士王圆箓在清除积沙时，发现藏经洞。	公元 1857 年，英军攻陷德里，印度莫卧儿帝国灭亡。

图书在版编目（ＣＩＰ）数据

发现藏经洞 / 罗华庆著. -- 上海 : 华东师范大学出版社, 2016.1
（解读敦煌）
ISBN 978-7-5675-4691-2

Ⅰ.①发⋯ Ⅱ.①罗⋯ Ⅲ.①敦煌石窟－研究 Ⅳ.
ₗ K879.21

中国版本图书馆 CIP 数据核字(2016)第 027587 号

解读敦煌

发现藏经洞

著　　者 罗华庆
摄　　影 盛襄海
策划编辑 王　焰
项目编辑 储德天
文字统筹 陆晓如
文字编辑 颜文彬
封面设计 卢晓红
版式设计 大禾文化
排　　版 刘新慧

出版发行 华东师范大学出版社
社　　址 上海市中山北路 3663 号 邮编 200062
网　　址 www.ecnupress.com.cn
电　　话 021-60821666　行政传真 021-62572105
客服电话 021-62865537（兼传真）
门市（邮购）电话 021-62869887
门市地址 上海市中山北路 3663 号华东师范大学校内先锋路口
网　　店 http://hdsdcbs.tmall.com/

印 刷 者 上海中华商务联合印刷有限公司
开　　本 787×1092　16 开
印　　张 11.25
字　　数 110 千字
版　　次 2016 年 3 月第 1 版
印　　次 2017 年 3 月第 2 次
书　　号 ISBN 978-7-5675-4691-2/J·269
定　　价 76.00 元

出 版 人 王　焰